ESSAIS

D'HISTOIRE ET DE JURISPRUDENCE

SUR LE NOTARIAT.

D'HISTOIRE
ET DE JURISPRUDENCE
SUR LE NOTARIAT,

PAR M. TAJAN,

NOTAIRE (ANCIEN AVOCAT).

A BAGNÈRES (H^tes-PYRÉNÉES),

CHEZ J.-M. DOSSUN, IMPRIMEUR-LIBRAIRE, ÉDITEUR.

A PARIS,

CHEZ CHAUMEROT, LIBRAIRE,

Quai des Augustins, 33.

—

1840.

A LA MÉMOIRE DE MON FRÈRE.

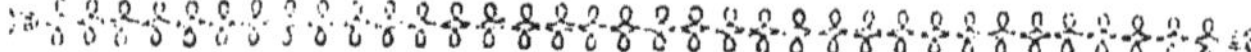

TABLE

DES TITRES, CHAPITRES, PARAGRAPHES ET ARTICLES

CONTENUS DANS LA Ire PARTIE.

INTRODUCTION.

Première Partie.

DISCOURS HISTORIQUE.

TITRE Ier.

De quelques peuples dont l'histoire offre des traces d'institutions ou de coutumes ayant rapport au notariat.

TITRE II.

Du Notariat en France, depuis le règne de St Louis jusqu'à la révolution de 1789.

TITRE III.

Du Notariat en France, depuis la révolution de 1789 jusqu'à la loi organique du 25 ventôse an 11 (16 mars 1803.)

TITRE IV.

Du Notariat, sous l'empire de la loi du 25 ventôse an 11, et des autres actes législatifs qui forment maintenant avec elle le droit notarial de la France.

INTRODUCTION.

OBJET ET PLAN DE CET OUVRAGE.

La science du droit a fait d'immenses progrès en France, depuis la grande révolution qui réalisa le vœu si souvent exprimé de l'uniformité des lois.

On sait avec quels honneurs fut accueilli, dès son apparition, par l'estime publique ce précieux dépôt qui renferme un corps complet de jurisprudence, et auquel un illustre magistrat attacha son nom et sa gloire [1].

Quelques uns ont embrassé dans leurs savantes et laborieuses recherches les monuments législatifs élevés durant les différentes périodes de nos annales. Dans cette classe figure avec distinction un tableau plein d'intérêt, qui, remontant au berceau de la monarchie française, retrace, en suivant le cours des âges, les actes mémorables dont se forme chez nous la législation nationale [2].

D'autres, en plus grand nombre, appliquant leurs études à certaines parties du droit, ont enrichi leur pays de ces traités que les jurisconsultes et les publicistes mettent au rang des plus utiles productions de nos jours.

---

[1] Le lecteur a déjà nommé M. Merlin.

[2] Recueil des anciennes lois françaises, depuis l'établissement de la monarchie, par MM. Isambert, Jourdan, Decrusy et Taillandier.

Au milieu des efforts dirigés vers la connaissance des lois, le notariat, cette belle institution des peuples civilisés, n'est pas resté sans protection et sans appui. D'habiles défenseurs n'ont pas manqué au soutien de sa cause.

Sous l'empire de l'ancienne jurisprudence, de bons ouvrages furent publiés sur les devoirs et les fonctions des notaires.

Après notre première révolution, un décret de 1791 renversa l'antique institution du notariat, pour la réédifier sur de nouvelles bases.

Elle s'agrandit ensuite et se développa sous l'influence créatrice du génie qui présidait aux destinées de la France.

Alors parut la loi organique du 25 ventôse an 11 (16 mars 1803), soigneusement élaborée dans les épreuves d'une discussion solennelle et d'un examen approfondi. Alors aussi furent offerts au public des ouvrages estimés que les notaires consultaient avec fruit dans le cours de leurs travaux.

Il restait quelque chose à faire. Le brusque passage d'une législation à une autre, se révèle ordinairement par de graves difficultés d'application. Il fallait éclairer la marche de la controverse, au sujet des doutes qui s'élevaient chaque jour. Un tel soin regardait la doctrine et la jurisprudence pratique.

Cette lacune a été remplie par différents recueils d'arrêts, répertoires, dictionnaires et cours de droit notarial. La plus remarquable de ces compositions est le Dictionnaire du notariat, rédigé avec un rare talent par une société de jurisconsultes et de notaires.

Ces ouvrages, bien qu'ils diffèrent par le titre et par la forme, tendent tous, à peu près, vers le même but, l'application des règles et des principes que les notaires doivent suivre dans l'exercice de leur ministère.

Dans cet état de la science, nous avons pensé qu'un livre où l'on prendrait le notariat à sa naissance, pour en observer la marche et les progrès à travers les siècles; qu'un livre qui présenterait l'histoire analytique de cette institution, depuis les temps les plus reculés; qu'un livre où tous les documents législatifs, concernant les notaires, seraient marqués avec soin d'âge en âge; qu'un tel livre ne serait pas sans intérêt et sans utilité.

Lorsque, dans le domaine des arts libéraux, tout tend à reculer leurs limites; lorsque ceux qui les cultivent portent sur tous les points le flambeau de la critique, disputant aux préjugés et à l'ignorance jusqu'à leurs moindres conquêtes, il est digne des notaires de cette époque de s'élever à la hauteur du sacerdoce important dont ils sont revêtus. Il est digne d'eux de mesurer d'un regard assuré la distance qui les sépare de leurs devanciers, et de déchirer le voile qui leur dérobe la vue des monuments antiques.

Et, d'ailleurs, n'est-il pas nécessaire de rechercher parmi les débris que le temps a faits les colonnes encore debout, sur lesquelles sont inscrites des lois que nous devons observer? N'est-il pas intéressant de remarquer la succession et l'enchainement des idées qui ont fécondé l'œuvre des législateurs, de distinguer ce qui est propre à chacun d'eux et les dispositions où ils se sont montrés tributaires les uns des autres?

Tel s'est offert à notre pensée le tableau représentant l'histoire et la législation du notariat.

Nos investigations ne se sont pas bornées aux monuments de la jurisprudence française. Nous avons interrogé dans l'antiquité les coutumes des nations les plus célèbres. Manquant des matériaux nécessaires à la composition d'un répertoire général, nous n'avons considéré l'état des anciens peuples que jusqu'au moyen âge, forcé de nous arrêter à ce point; mais nous avons, du moins, ouvert une carrière que l'historien poursuivra peut-être un jour dans les temps modernes.

C'est pour l'ancienne Rome, berceau de la législation européenne; c'est surtout pour la France que nous avons tâché de former une histoire complète de l'institution du notariat.

La question de la vénalité des offices, qui éveille maintenant parmi nous de si vives sollicitudes, a été envisagée sous le point de vue historique et législatif, particulier à cet ouvrage.

Puisant partout, nous avons mis à profit les travaux des écrivains qui nous ont précédé, et les observations de ceux qui nous ont aidé de leurs sages conseils. Grâces leur en soient rendues! Et que M. Isambert, dont le bienveillant intérêt nous a été si utile, reçoive l'expression de notre reconnaissance!

L'ouvrage est divisé en deux parties.

La première, sous le titre de discours historique, retrace les coutumes de quelques peuples de l'antiquité. Les Gaulois et les Français occupent la place d'honneur; leurs monuments législatifs y sont décrits depuis la fondation de la monarchie jusqu'à l'époque présente.

La seconde partie est consacrée à la reproduction des textes. Là se trouvent réunies les lois romaines qui traitent des notaires et des tabellions, ainsi que d'autres offices analogues. Là se trouve la suite de tous les actes législatifs de la France, sur le notariat.

Voilà le caractère, l'objet et le plan de ces *Essais*.

ESSAIS
D'HISTOIRE ET DE JURISPRUDENCE
SUR LE NOTARIAT.

PREMIÈRE PARTIE.

DISCOURS HISTORIQUE.

TITRE I.er

DE QUELQUES PEUPLES DONT L'HISTOIRE OFFRE DES TRACES D'INSTITUTIONS OU DE COUTUMES AYANT RAPPORT AU NOTARIAT.

CHAPITRE I.er

CONSIDÉRATIONS GÉNÉRALES.

Les institutions politiques ou civiles qui ont fondé le gouvernement des peuples, établi des règles et des garanties dans chaque pays pour le maintien de la paix des familles et la conservation du patrimoine des citoyens, ont dû subir les épreuves et les vicissitudes qui accompagnent tout ce qui sort de la main des hommes, avant de parvenir au degré de perfection et de maturité où l'histoire contemporaine nous les représente. Inspirées par le besoin d'ordre et de sécurité, par les exigences d'une société naissante, les premières lois, informes et incomplètes, ne pouvaient pas avoir la force morale et l'énergie que les siècles impriment par des améliorations et des développements successifs.

Telle est la marche de l'esprit humain. Les progrès des institutions sont marqués par les progrès des lumières et de la civilisation.

En réfléchissant à cet état naturel de choses, on n'est pas étonné qu'un établissement consacré par le droit civil (le notariat), et qui figure aujourd'hui avec distinction parmi les plus importantes et les plus belles institutions modernes, ait été dans l'antiquité inconnu de plusieurs nations; que chez d'autres le ministère de ceux à qui l'on confiait la rédaction des traités, se fût montré d'abord sous des formes modestes, sans éclat et sans dignité, dépourvu des garanties précieuses, qui, seules, pouvaient lui donner une salutaire influence.

Dans l'enfance des sociétés, les conventions entre particuliers furent circonscrites et bornées, comme les besoins et les rapports des individus réunis en communauté. Le moyen de les signaler dut participer de cette simplicité primitive. La pureté des mœurs, la loyauté, les sentiments de bienveillance réciproque qu'on apportait dans les contrats, bannissaient la défiance et, avec elle, la complication des formalités. On croyait à la probité : on comptait sur la foi jurée.

Lorsque l'utilité de précautions jusqu'alors inusitées se fit sentir, ce fut dans le témoignage des hommes qu'on les chercha. La preuve orale, la seule que l'on pût invoquer dans les temps d'ignorance, devint d'un usage très fréquent. On l'employa dans les actes ordinaires de la vie, et pour établir les conventions les plus solennelles.

L'expérience ayant appris combien il y avait de dangers à placer une aveugle confiance dans des souvenirs fugitifs, ou dans la bonne foi des hommes, on dut saisir avec empressement l'occasion que fit naître la découverte des caractères alphabétiques, pour constater par une voie plus sûre les transactions civiles.

Toutefois, les preuves vocales ne furent pas abandonnées : elles survécurent à l'invention et à l'usage de l'écriture.

Cet art nouveau de peindre la parole, de revêtir la pensée de formes matérielles, de retracer par des signes permanents les opérations de l'intelligence humaine, lent dans ses progrès, ne fut pas accueilli avec l'enthousiasme qu'il devait exciter. Peu de gens étaient initiés à la science des lettres. On en vit depuis se faire gloire de les ignorer.

Il fallait cependant, au milieu de la défaveur qui s'attachait à la preuve testimoniale, et dans l'impuissance de recourir avec sécurité aux écritures privées, susceptibles de graves inconvénients, il fallait adopter des règles capables de donner de la fixité aux contrats et d'assurer leur exécution.

De là, les essais plus ou moins heureux tentés en divers lieux et à différentes époques pour atteindre ce but.

CHAPITRE II.

DES ÉGYPTIENS ET DES ASSYRIENS.

L'histoire des Assyriens se lie d'une manière intime à l'histoire des contrats, et par cela même à un ouvrage dont le but principal est de signaler sous leurs formes les plus remarquables, en notant leur origine et leurs progrès, les transactions des hommes, aux diverses époques de l'état social, dans les temps primitifs et dans les temps modernes.

Les traditions qui nous ont conservé le souvenir des coutumes des anciens peuples, révèlent parmi les Babyloniens l'existence d'un fait de haute importance. D'après l'opinion commune, ce fut au milieu d'eux que naquit et se forma l'usage de constater par écrit les conventions civiles, jusqu'alors abandonnées à la bonne foi des contractants ou à la preuve testimoniale.

Cette grande innovation méritait de fixer l'attention : elle rappelle les dangers et les inconvénients des témoignages humains : elle marqua le passage d'impuissantes coutumes à une législation moins imparfaite : elle annonça les précautions nouvelles que l'expérience devait indiquer pour garantir la force et l'autorité des traités. Ainsi, à la preuve par témoins fut substituée la preuve écrite ; et celle-ci ne tarda point à être protégée par le concours des officiers publics, des fonctionnaires qui furent chargés de la rédaction des actes entre les citoyens.

Voilà l'ordre des idées et la suite des faits. Voilà quels rapports se sont établis entre l'antique usage de l'écriture dans les contrats et l'histoire législative du notariat.

Les conquêtes des Mèdes et des Perses ayant détruit l'empire des Assyriens, il ne sera fait aucune autre mention des usages et des coutumes de cette nation, qui n'offrent d'ailleurs plus rien de relatif à l'objet de nos essais.

Des lois sages, un gouvernement fondé sur le culte des Dieux et l'amour de la justice, des mœurs épurées dans la pratique des vertus publiques et privées, des établissements dignes de passer à la postérité, assignent à l'Egypte un rang distingné parmi les nations de l'antiquité. Elle compta des règnes glorieux : elle eut son âge d'or et ses temps héroïques. Conquérante sous Sésostris, elle soumit à ses armes une partie de l'Europe et presque toute l'Asie.

Mais ce fut surtout par ses institutions qu'elle se rendit célèbre. Les philosophes, les législateurs étrangers allaient puiser dans son sein les maximes, les régles et les enseignements dont ils voulaient enrichir leur patrie.

Les sceaux, ce signe représentatif de la puissance publique dans les pays qui en avaient adopté l'usage, furent le moyen dont se servirent les Egyptiens pour imprimer à leurs conventions une sorte d'authenticité. On ne les appliqua d'abord qu'aux actes du pouvoir suprême. On marquait du sceau royal les ordonnances émanées du chef de l'Etat. Cette image de la souveraineté commandait l'obéissance et le respect avec autant de succès qu'aurait pu le faire la parole même du monarque.

Dans la suite, on comprit les avantages que l'on pouvait retirer de la présence du sceau public dans les contrats des particuliers. Son emploi devint général et fréquent dans les transactions. Placés sous sa protection, les pactes et les traités trouvèrent une nouvelle garantie qui assura leur exécution.

Les besoins sociaux s'étant accrus, on s'occupa du soin de rendre plus faciles encore la constatation et la preuve des contrats. Des écrivains publics furent institués pour copier les actes qui leur seraient présentés. Ces copies, remises aux parties intéressées, étaient autant de titres qui faisaient foi en justice, et servaient à résoudre les difficultés que pouvait offrir leur application.

De là l'importance qu'on attachait à la mission de ces écrivains. La loi veillait sur leurs travaux avec sollicitude. Pour les rendre attentifs et fidèles dans l'exercice de leurs fonctions, elle s'armait contr'eux d'une grande sévérité. On leur coupait les mains, en cas de prévarication.

C'est là tout ce que rappellent les anciens monuments de ce peuple célèbre, touchant les solennités dont les conventions étaient environnées.

Il est permis de supposer que cette extrême simplicité de formes, relative au caractère et à la publicité des actes, subit dans le cours des siècles l'influence des révolutions qui changèrent la face politique de ce pays.

Tant que l'Egypte fut soumise à l'autorité de ses rois, les coutumes qu'elle avait observées se maintinrent stationnaires, sans éprouver de notables modifications.

Mais quand le sceptre des Ptolémées eut été brisé entre les mains de l'ambitieuse Cléopâtre, après la la bataille d'Actium et la fuite honteuse d'Antoine, son heureux rival créa un nouveau gouvernement dans ces contrées. Réduites en province romaine, l'administration en fut confiée à un simple chevalier sous le titre de préfet.

Octave-César encouragea l'agriculture, accorda une haute protection au commerce et à l'industrie. En peu d'années, Alexandrie devint une cité riche et florissante.

Parmi les douceurs de la paix et de l'abondance, au milieu des grands intérêts dont les Egyptiens étaient redevables à la domination romaine, il eût été difficile de repousser une législation pratique, éminemment utile et féconde en résultats. Ces populations reconnaissantes, qui se consolaient de leur sujétion par la jouissance des biens que la conquête leur avait procurés, trouvèrent sans doute fort commode, dans le réglement de leurs affaires et pour la conservation de leur fortune, l'intervention des banquiers, des notaires et des tabellions qu'on employait à Rome, et qui durent accompagner en Egypte le préfet chargé de l'administration.

Alexandrie fut l'objet des faveurs et de la bienveillance des maîtres du monde. Une constitution des empereurs Léon et Anthémius accorda par privilége au juge de cette ville le droit de recevoir et de constater les conventions de ses habitants.

Sous les Califes, descendants d'Ali, long-temps après l'expulsion des Romains, l'Egypte se trouva tout à la fois privée des antiques usages que la première conquête avait fait disparaître et des coutumes qui les avaient remplacés. La domination des Turcs était impuissante à produire d'utiles changements.

L'Egyptien reprit alors ses mœurs primitives et les habitudes de ses aïeux. On ne parlait plus des lois romaines. Tout subissait le joug du despotisme oriental.

Que les institutions de Rome soient tombées avec le pouvoir qui les soutenait; qu'il n'en apparaisse aucune trace dans les coutumes des Egyptiens modernes, il ne faut pas en être surpris. Les idées des nouveaux conquérants étaient si éloignées du caractère et du génie de ceux dont ils avaient pris la place, que tout contribuait à faire oublier la législation des premiers vainqueurs.

De remarquables innovations, opérées dans ces

derniers temps, signalent l'administration d'un illustre Pacha. Investi d'un immense pouvoir dont il a dirigé l'action avec une merveilleuse habileté, poursuivant en homme de génie ses projets d'indépendance et d'agrandissement, Méhémet-Ali, que secondent le courage et les exploits d'Ibrahim, son fils, rendra héréditaire dans sa famille l'autorité souveraine qu'il exerce. Par lui, l'Egypte est sortie de son obscurité. Un reflet de son ancienne gloire brille dans ses institutions naissantes. Le vice-roi, favorisant l'essor des pensées industrielles et libérales, vivifie ces contrées autrefois si renommées. Son respect et son culte pour les arts de la vieille Europe, les établissements qu'il a fondés et ceux qu'il prépare, jettent un éclat qui fixe l'intérêt et l'admiration des autres peuples.

Les destinées de l'Egypte semblent engagées maintenant dans une lutte qui pourrait exercer une grande influence sur l'avenir de l'empire d'Orient. Il s'agit peut-être de l'existence politique de la Sublime Porte, du sort du jeune prince, successeur de ce sultan dont la pensée féconde vient de s'éteindre, en rêvant à des projets de réforme et de civilisation [1].

Dans ce grave débat, le vice-roi saura rendre la fortune favorable à ses vœux, sans compromettre la dignité du monarque dont il ne doit pas abandonner la cause. Le triomphe des lumières sera dès-lors

---

[1] L'empereur Mahmoud, décédé en juin 1839, laissant pour héritier de sa puissance le jeune Abdul-Meschid, son fils.

assuré. Alexandrie se rappellera les conquérants fameux qui la dotèrent jadis de leurs institutions. Moins ancienne, une tradition, flatteuse pour nous, subsiste dans les plaines du Nil, où le nom français retentit encore avec honneur. On y garde le souvenir de ces vaillants capitaines qu'un jeune héros animait de son courage et de son génie. Au pied des pyramides, en présence des monuments, restes imposants de la grandeur des Pharaons, la pensée de nos guerriers s'attachait avec ardeur à la noble mission que la France leur avait confiée de faire fleurir sur cette terre célèbre les arts nés de la paix et de la civilisation. Si l'Egypte n'a pu, sous notre égide tutélaire, s'enrichir de nos découvertes scientifiques, de tous nos travaux législatifs, qu'elle recueille maintenant, par une adoption volontaire, le fruit de nos inspirations et de nos vœux! Déjà, s'il faut en croire de récentes publications, le code immortel, qui, chez les nations étrangères, conserve le titre de *Code Napoléon*, a reçu du Pacha le plus glorieux, le plus éclatant hommage. Une traduction en a été faite par ses ordres. Il la destine à servir de base à la jurisprudence civile des états soumis à sa domination. Qu'il perfectionne, qu'il complète son œuvre, en accordant au notariat la place et la protection dont il est digne! Ainsi tout concourra, dans les mœurs et les lois, à la prospérité, à l'illustration de ce pays. Et l'histoire, un jour, évoquant les âges, les événements et les hommes, joindra l'Egypte des temps anciens les plus mémorables à l'Egypte de Méhémet-Ali.

CHAPITRE III.

DES HÉBREUX.

Durant les premiers âges du peuple hébreu, ses mœurs et ses coutumes avaient la simplicité qui distingue la vie pastorale. Les patriarches adoraient un être suprême, créateur du monde, arbitre souverain de toutes choses, dispensateur des biens et des maux.

Leurs conventions offraient le même caractère de grandeur et de simplicité. Ils prenaient Dieu à témoin de la sincérité de leurs intentions : ils promettaient, en invoquant son nom, d'être fidèles à leur parole. Un autel de gazon, une pierre élevée figuraient souvent dans les traités, pour en garantir l'exécution. Quelle vive et profonde impression devaient faire sur des hommes pieux ces idées religieuses et ces témoins muets qui frappaient, chaque jour, leurs regards !

C'est ainsi que Jacob et Laban, près de se séparer, consacrèrent le pacte qui devait les unir à jamais. Leurs mains érigèrent sur la montagne de Galaad, pour perpétuer le souvenir de leur alliance, un monceau de pierres, qui reçut le nom de *monceau du témoignage* [1].

[1] Genèse, ch. 31.

Il existait un autre moyen de constater les contrats. Il se présente dans les monuments historiques de tous les anciens peuples. A cette époque reculée, on déposait dans la mémoire de quelques hommes, on confiait à leur amour pour la vérité les accords qui intervenaient sur les relations et les affaires privées. Lorsqu'Abraham, loin du tombeau de ses pères, voulut rendre les derniers honneurs à Sara, au pays de Chanaan où Dieu l'avait appelé, il pria les enfants de Heth, qui l'avaient accueilli dans la ville d'Hébron, de lui donner parmi eux droit de sépulture. Le traité fut conclu au prix de quatre cents sicles d'argent avec Ephron, fils de Séor, en présence de tous ceux qui étaient rassemblés à la porte de la ville. Abraham acquit ainsi un champ où se trouvait une caverne double servant de sépulcre [1].

Voilà, sous la loi de nature, le culte et les usages des Hébreux, la forme de leurs conventions et la manière de les constater.

La loi écrite, qui renfermait les préceptes religieux et civils que Moïse transmit aux Hébreux, au nom du Dieu d'Abraham, d'Isaac et de Jacob, la loi écrite, en établissant un culte nouveau, des règles de gouvernement, d'administration et de police, devait substituer aux coutumes antiques celles qui annoncent les progrès de la civilisation et la marche des sociétés. En possession de la terre promise, les tribus

---

[1] Genèse, ch. 23.

d'Israël avaient entr'elles des rapports plus fréquents, de plus grands devoirs à remplir. Il ne suffisait pas d'avoir assuré le service du tabernacle et de veiller à la garde de l'arche sainte : il fallait empêcher l'esprit de la loi de s'altérer et de se corrompre, lui conserver la pureté de sa doctrine et l'intégrité de ses textes : il fallait que les actes de la vie civile fussent réglés dans leurs formes et leurs effets.

Ces soins importants furent confiés à des hommes choisis parmi les plus sages et les plus éclairés, qui prirent le nom de docteurs ou de scribes. Ils se divisèrent ensuite en plusieurs classes : le titre de chacune d'elles indiquait la tâche qui lui était assignée. On distinguait les scribes de la loi, les scribes du gouvernement et les scribes du peuple. C'est de là que sortirent les premiers interprètes de la volonté des Israélites, dans le règlement des affaires privées, les premiers rédacteurs de leurs conventions. Un des traits qui les caractérisaient était leur adresse et leur habileté dans l'écriture. Leur main suivait l'action du langage avec une extrême rapidité [1]. On peut les regarder comme les inventeurs de cet art ingénieux, perfectionné dans les temps modernes, et connu sous le nom de sténographie.

L'intervention des scribes ne donnait pas, seule, aux actes la perfection dont ils étaient susceptibles. L'application des sceaux était, en outre, d'une

---

[1] Psaume 44.

absolue nécessité. Cette formalité, les Israélites l'avaient empruntée des Egyptiens au milieu desquels leurs ancêtres avaient long-temps vécu. Le sceau public était apposé sur l'original de la convention. C'était le titre qui faisait foi en justice. On le déposait, scellé et cacheté, entre les mains d'une personne de confiance qui devait le produire devant le magistrat, en cas de contestation.

Une copie en était faite en même temps : elle demeurait ouverte entre les mains de chacun des contractants, qui avaient intérêt à la posséder, pour la consulter au besoin; mais elle n'avait aucun caractère d'autorité. Dans les doutes qui s'élevaient sur le sens ou la portée de la convention, on était tenu de recourir à l'original.

Il paraît, d'ailleurs, que les parties et les témoins écrivaient sur l'original et la copie des actes. C'était, sans doute, la souscription ou déclaration par laquelle on attestait la vérité des clauses qui formaient le traité. Cette écriture devait se placer à la fin des contrats, et peut-être encore au dos ou sur l'enveloppe qui couvrait l'original scellé et cacheté.

L'ancien mode de constatation subsistait toujours : on avait souvent recours aux témoignages humains, la seule garantie qui, dans beaucoup de circonstances, accompagnât les promesses des enfants d'Israël. Nous en trouvons dans leurs livres sacrés des exemples assez nombreux, même pour les actes les plus augustes et les plus solennels. L'union de Booz et de Ruth, l'achat de l'héritage d'Elimélech eurent lieu sans écrit, en présence de témoins invités à conserver le souvenir de ce qui se passait devant eux [1]. On trouve aussi dans les mêmes livres la preuve qu'on employait l'écriture pour établir les conventions : elle intervint dans un acte de vente consenti au prophète Jérémie, et dans le contrat de mariage du fils de Tobie, qui reçut la donation de tous les biens paternels [2].

Il était des cas, par exemple en matière de di-divorce, où les scribes de la loi, à qui seuls il était permis d'écrire les caractères hébraïques, devaient concourir à la formation des actes. Les époux comparaissaient devant le docteur de la loi, qui les engageait à la réconciliation et à la concorde. Si ses conseils et ses exhortations restaient sans effet, il dressait l'acte de divorce et le remettait à la femme répudiée [3].

La circonstance que nous venons de rappeler retrace bien moins le ministère d'un officier public, semblable aux notaires modernes, que le concours d'une magistrature paternelle dont l'image s'offre dans nos lois civiles [4].

Du reste, on n'est pas d'accord sur le caractère des écrivains préposés à la confection des contrats chez les Hébreux. Quelques auteurs ont pensé que

---

[1] Ruth, ch. 4.

[2] Jérémie, ch. 32 ; — Tobie, ch. 7 et 8.

[3] Deuter., ch. 24.

[4] Art. 238 et s. Cod. civ. et 877 et s. Cod. Pr. civ.

les scribes du peuple étaient les greffiers ou secrétaires chargés de recevoir et de sceller les actes judiciaires. D'autres, sans contester l'existence des scribes, n'en reconnaissent pas la destination particulière, et leur refusent toute mission légale [1].

Telles étaient les formes sous la protection desquelles les descendants de Jacob plaçaient leurs conventions. Tel était, sur les fonctionnaires chargés de la rédaction des contrats, l'état de la législation hébraïque, lorsque le royaume d'Israël et celui de Juda, séparés depuis le règne de Roboam, succombèrent tous les deux sous les efforts des légions de Pompée. Le général romain renversa les murs de Jérusalem, profana le temple saint et changea la forme du gouvernement.

La loi évangélique n'apporta aucune modification à l'état civil des enfants d'Israël. Celui qui avait dit : *Mon royaume n'est pas de ce monde... Rendez à César ce qui est à César,* n'était pas venu pour détruire les gouvernements établis.

On sait quel a été dans la suite des temps le sort des institutions du peuple juif. Le sceau de sa destinée s'est empreint sur tout ce qui constituait son existence civile et politique.

Ce pays fut réduit en province romaine sous le règne d'Auguste.

Les Juifs éprouvèrent d'affreux revers sous Ves-

---

[1] Anc. Rép. de Jur. V° Notaire ; — Solon, Essai sur les preuves.

pasien, l'an 70 de Jésus-Christ. Titus prit leur ville et la livra aux flammes.

Adrien leur porta les derniers coups, 47 ans après. Plus de cinq cent mille d'entr'eux furent exterminés. Les autres, fugitifs et dispersés, se répandirent par tout l'univers.

La Judée étant devenue une des provinces de l'empire, ceux qui survécurent aux désastres de leur patrie et qui continuèrent d'habiter cette terre désolée, durent profiter de leur contact avec leurs nouveaux maîtres, pour appliquer à leurs usages ce que les lois romaines offraient d'utile et d'avantageux. Le ministère des tabellions et des notaires se présentait au premier rang, à la suite du gouverneur dont le cortége se composait d'officiers et d'écrivains, notamment d'un bureau consacré à l'insinuation des actes des particuliers.

La chute de l'empire des Césars, qui fut un si grand événement pour la liberté ou l'agrandissement des autres peuples, ne procura aucun adoucissement à l'infortune des Juifs. Exclus de l'héritage laissé par les Romains, errant loin des tombeaux de leurs pères, ils devaient demeurer encore exilés et proscrits, jusqu'à ce que les prophéties et les temps marqués s'accomplissent pour eux.

Après plusieurs siècles de calamités, durant lesquels leur nom fut un objet de réprobation, les Juifs vivent en paix, à l'ombre des lois tutélaires que réclamait pour des hommes malheureux et persécutés la voix de la raison et de l'humanité.

Mais ils conservent toujours au milieu des peuples qui les ont adoptés, quelque chose de ce caractère étranger et providentiel qui distingue leur race. Ils ne forment nulle part un corps de nation. Tandis que leurs vœux appellent ce Messie puissant dont ils attendent le rétablissement du temple et la gloire de Sion, le koran et le sabre du mameluck occupent la place où régnaient jadis la loi de Moïse, la parole révérée du grand prêtre et le prince d'Israël.

Dans cette position incertaine et précaire, il n'est pas besoin de dire que les Juifs, quant à leur existence sociale et sous le rapport de la jurisprudence civile, n'ont pas de code qui leur soit propre. Il ne peut être question, à leur égard, de formes particulières et spéciales pour la rédaction de leurs contrats. Réduits à un état d'emprunt, ils doivent se conformer à la législation des pays où ils trouvent protection et sécurité.

CHAPITRE IV.

DES GRECS.

Les Athéniens se firent remarquer entre tous les peuples de la Grèce par leur zèle à perfectionner leurs institutions. Les noms de leurs législateurs philosophes sont célèbres dans l'histoire des nations civilisées.

S'ils ne créèrent pas des officiers en titre, pour

attester les conventions civiles, ils en donnèrent du moins l'idée. Dans le plan de sa république, Aristote assigna un rang honorable aux citoyens qui seraient chargés de la rédaction des contrats, ce qui prouve qu'il existait déjà dans le gouvernement de ce pays des fonctionnaires préposés à la réception des actes, ou bien que les esprits éclairés sentaient l'importance et l'utilité d'un pareil établissement [1].

Ce qu'il y a de certain, c'est que des hommes ayant l'habitude et l'expérience des affaires, surtout des négociations d'argent, se fixèrent à Athènes, où ils se livraient publiquement à leurs spéculations. La nature de leurs travaux rappelle l'idée de nos banquiers. Ils furent désignés sous un nom [2] qui répond à ce titre moderne.

Ils acquirent bientôt tant de réputation par leur habileté dans les écritures, que les citoyens s'empressèrent de recourir à eux pour le règlement de leurs affaires. Peu à peu, ces banquiers se formèrent une espèce de clientelle qui réclamait souvent leurs services. Ils rédigaient les transactions, écrivaient les accords formés en leur présence; ils s'accoutumèrent à consigner dans leurs journaux les conventions dont ils avaient été les médiateurs. Et ces registres furent dans la suite assimilés à des actes qui, s'ils ne faisaient pas pleine foi des énonciations qu'ils renfer-

---

[1] Arist. Des Polit. liv. 6, ch. 7.

[2] Argentiers, *argentarii*.

maient, étaient d'un grand poids dans les contestations judiciaires.

Ce fut là, suivant quelques jurisconsultes, le caractère des banquiers grecs, qu'ils ont rangés dans la classe des fonctionnaires publics. Un auteur moderne en a fait des négociateurs officieux, de simples écrivains, presque sans influence et sans autorité.

Au surplus, les conventions pouvaient s'établir entre les parties, à la faveur de l'écriture, ou par la preuve testimoniale. Dans le premier cas, les contractants s'environnaient de plusieurs témoins qui souscrivaient avec eux l'acte renfermant les clauses et les conditions du traité. Ces témoins étaient interrogés, lorsqu'il s'élevait quelque débat sur les dispositions du contrat.

Les conventions, ainsi formées, se déposaient d'ordinaire chez un argentier (banquier), qui en devenait le gardien et chez lequel on allait les consulter au besoin.

Le commerce des Athéniens était florissant : ils se livraient avec succès à des expéditions maritimes. Les traités qui se faisaient à cet égard, présentaient les mêmes formalités que nos contrats à la grosse. Cette particularité était digne de remarque.

Voilà tout ce que l'histoire nous apprend des institutions de la Grèce, en matière de contrats.

Le voisinage des Romains et la connaissance qu'ils avaient acquise des ressources et de la situation de ce pays, auraient été de bonne heure funestes à sa liberté, s'il n'avait eu l'attention d'endormir par des traités de paix et d'alliance le génie envahisseur de ces conquérants.

Mais le temps était venu où les Hellènes devaient subir le joug de l'obéissance. La soumission de la Macédoine fut suivie de la ruine de Corinthe et de l'asservissement des républiques grecques.

En vain, quelques années après, voulurent-elles reconquérir, les armes à la main, leur indépendance et leur nationalité; leurs efforts ne produisirent que de nouvelles calamités; et comme si ce n'était pas assez de leur faiblesse et de leur abaissement, ce fut à Sylla que Rome remit le soin de châtier ce qu'elle nommait des sujets rebelles. Athènes prise et menacée de destruction, le Pirée livré aux flammes, les temples dépouillés de leurs ornements, tels furent les exploits du vainqueur.

Les rapports qui existaient déjà entre ces deux peuples durent se développer. Rome, sous les décemvirs, avait emprunté leurs lois aux villes grecques les plus célèbres : elle avait accueilli plus tard dans ses écoles leurs rhéteurs et leurs philosophes : elle voulut, à son tour, métropole exigeante et ambitieuse, fière de ses institutions, transporter chez les Grecs assujétis, avec son administration intérieure et son régime municipal, les usages qui distingaient la vie privée de ses citoyens.

Cette communauté de lois et de coutumes manque rarement de s'établir, après la conquête, au profit du parti victorieux.

La Grèce dut marquer d'autant plus d'empressement à se servir des notaires et des tabellions romains, qu'elle retrouvait auprès d'eux les banquiers dont elle avait depuis long-temps consacré les fonctions.

Les choses se maintinrent ainsi, tant que subsista la puissance romaine en Orient. Après sa chute, après la disparition des empereurs grecs et la prise de Constantinople, au milieu du 15me siècle, le Péloponèse et la Morée furent soumis au culte mahométan.

Que devinrent depuis leurs mœurs et leurs lois? Ce que sont devenues les institutions des peuples vaincus, dans les pays subjugués par les armes et où la liberté publique a été sacrifiée à un pouvoir arbitraire et absolu. Quand le voyageur cherchait naguère dans la patrie de Solon et de Périclès des traces de civilisation, les vieillards, gardiens des traditions antiques, répondaient, en montrant les débris des arts cachés sous l'herbe : Le génie de la destruction a plané sur cette terre infortunée! Le vandalisme et la barbarie ont passé par là!

L'histoire de la Grèce régénérée offrira des tableaux plus dignes d'intérêt et de curiosité. Ce ne sera pas en vain que la valeur héroïque de ses enfants l'aura replacée parmi les nations indépendantes. Dans le code destiné à raffermir l'ordre social, une place sera réservée pour l'organisation de ces fonctionnaires qui ont des rapports si fréquents avec les citoyens, et qui sont, en quelque sorte, les dépositaires de la fortune publique.

CHAPITRE V.

DES ROMAINS.

Rome se montra dans ses conquêtes moins jalouse de soumettre les autres peuples par la force des armes, que d'adopter leurs sages coutumes, et surtout d'éveiller leurs sympathies pour ses propres institutions. Les commissaires envoyés en Grèce pour y recueillir les lois dont on forma les douze tables, en rapportèrent, sans doute, l'idée de l'établissement des banquiers (argentiers). Rome les admit, en agrandissant le cercle de leurs attributions.

A côté d'eux s'éleva une institution rivale, celle des tabellions, qui éclipsa bientôt la première. Traçons l'histoire de l'une et de l'autre.

L'ignorance des premiers peuples, le besoin qu'on éprouve de s'appuyer sur l'habileté de ceux qui surpassent leurs contemporains; voilà, dans tous les temps, dans tous les pays, l'origine des arts et des professions industrielles ou libérales.

Des hommes qui s'étaient particulièrement appliqués à la connaissance du titre et de la bonté des espèces employées dans les négociations, s'établirent à Rome, sous le nom d'argentiers, *argentarii*, à l'exemple des banquiers d'Athènes. Leur expérience les ayant mis en crédit, ils furent recherchés avec empressement par les citoyens qui avaient des affaires un peu importantes à régler, et qui se servaient d'eux pour les liquidations, les comptes et la vérification des monnaies.

Ils inspiraient une telle confiance, qu'on les faisait intervenir dans presque tous les traités, où ils se rendaient fort utiles; ils en étaient les rédacteurs et les consignaient dans leurs journaux.

Le caractère particulier, le trait distinctif de leurs actes fut de prêter à intérêt leur propre argent, ou celui qu'ils avaient reçu pour le faire valoir.

Leur bureau était situé sur la place publique, dans une maison appartenante au fisc, et qui était ouverte à tout le monde.

Dès lors, les banquiers formaient un corps, exerçaient des fonctions que la loi civile avait consacrées. Leurs registres, qu'ils étaient tenus de produire, même quand on plaidait contre eux, faisaient foi en justice.

On leur donna différents noms. On les appelait *argentarii*, par allusion au change ou au commerce de l'argent dont ils s'occupaient principalement; *mensarii*, à raison de la table ou bureau sur lequel ils faisaient leurs opérations. Sous eux étaient des agents subalternes, des caissiers préposés à compter les espèces et à payer, d'où ils furent nommés *nummularii*, *mensularii*.

Tandis que les argentiers se livraient à leurs travaux, devenus une sorte de ministère public, une autre institution s'introduisait, humble et modeste, parmi les usages des Romains.

Dans les derniers temps de la république, les personnages les plus éminents de l'état avaient auprès d'eux des esclaves dont le principal emploi consistait à écrire par notes ou par signes les discours qu'ils entendaient prononcer. L'habitude les avait rendus si experts, que leurs mains étaient plus promptes et plus rapides que la parole. Cet art, dont la naissance a été remarquée dans l'histoire du peuple hébreu, et qui n'est autre que la sténographie, fût imaginé par les grands de Rome, à une époque où l'éloquence était toute puissante : il servait à fixer par l'écriture des discours improvisés au sénat ou au barreau, que la tradition n'aurait pu conserver avec fidélité, et dont le souvenir se serait souvent perdu.

L'utilité de ces esclaves-secrétaires fut si bien appréciée, que les villes voulurent aussi en avoir. Ils étaient les greffiers de la cité : on leur confiait la garde des archives municipales.

Ils se répandirent bientôt partout, et les citoyens les trouvant à portée, avaient recours à leur expérience pour faire constater leurs traités. La convention, rédigée par eux, était inscrite dans un registre qu'ils tenaient avec soin. Leur concours offrait cet avantage, qu'ils pouvaient stipuler au nom de personnes absentes, notamment pour les pupilles, et suppléer à l'ignorance des parties qui ne savaient pas écrire, toutes choses autorisées par la jurisprudence romaine.

Ces scribes étaient en grand nombre auprès des gouverneurs de province, magistrats élevés et puissants qui veillaient à l'administration générale, à la police intérieure et à la justice. Un de leurs bureaux s'appelait l'actuaire, *actuarius*, parce qu'on y recevait le dépôt des actes passés entre les citoyens, tels que les émancipations, les adoptions, les affranchissements, les contrats, les testaments, les transactions. Ceux qui en étaient chargés, avaient chacun leur mission particulière. Les *exceptores* ou *notarii* minutaient sous la dictée du juge les actes de sa juridiction. Les *regendarii* portaient cette minute au net dans les registres, et les *cancellarii* donnaient une forme légale aux conventions et aux jugements qu'ils remettaient aux parties, après les avoir souscrits.

L'importance de ces fonctions, surtout quant aux chanceliers, fit une impression générale sur les esprits. Les esclaves qui les avaient exercées jusqu'alors, en furent exclus par une loi formelle. Ce ministère ne devait être confié qu'à des hommes libres, et les chanceliers étaient choisis par le collége des officiers, qui répondait de leur fidélité.

Ainsi, aux esclaves qui avaient remplacé les argentiers dans la rédaction des actes, succédèrent à leur tour des officiers en titre, ayant la même mission à remplir, mais avec un plus grand caractère d'autorité : ils reçurent différentes dénominations, tirées de la nature même de leurs travaux ou de leurs habitudes. On les appelait *notarii* (notaires), parce qu'ils écrivaient par notes ou abréviations [1]; *tabu-*

---

[1] *Notas qui didicerunt propriè notarii appellantur.* (St Augustin, liv. 2, De doctr. christ.)

larii (tabulaires), à cause de l'usage où ils étaient de tracer sur des tablettes de bois, de métal ou d'ivoire, dont on formait des cahiers ou des rouleaux, les actes dont ils étaient les rédacteurs. Une nouvelle qualification fut ajoutée aux deux premières : elle avait la même étymologie que celle de tabulaires ; car le nom de *tabelliones* (tabellions), sous lequel on désigna les fonctionnaires préposés à la réception des contrats, dérivait aussi du mot latin que l'on traduit par tablettes [1].

Les banquiers et les esclaves continuèrent de figurer dans les transactions civiles, bien que ce ne fût pas avec le caractère d'autorité qui les distinguait auparavant. Leur intervention dans les actes fut approuvée par les lois. Les banquiers étaient reçus en qualité d'assistants, à cause de la connaissance approfondie qu'ils avaient des monnaies employées dans la plupart des traités ; et l'on admettait les esclaves, parce que leur présence était souvent nécessaire, soit pour représenter des pupilles qui ne pouvaient contracter en personne, soit pour stipuler au nom de

---

[1] Les tablettes devaient être fixées par des fils au haut de la page et au milieu de la marge. Un sceau de cire était suspendu au bout de de ces fils. En présence de ces marques extérieures, les dispositions écrites dans les tablettes devaient obtenir foi pleine et entière. On apportait une certaine solennité dans cette opération. Des témoins étaient appelés. C'était devant eux que les tablettes étaient réunies et attachées. Ainsi l'avait réglé un sénatus-consulte, rendu sous le règne de Néron. (Paul, Des sentences, l. 5, titre 25 ; — Pothier, Pand. liv. 22, titre 4, nº 10).

parties absentes que le rang, le sexe, la fortune ou d'autres considérations éloignaient des affaires.

Mais ce n'était plus pour les banquiers et les esclaves une mission publique. Celle-ci était devenue le partage exclusif des notaires et des tabellions.

Leur ministère s'ennoblit dans la suite et reçut des développements considérables. Les Romains lui donnèrent une place distinguée dans leur législation : ils firent du notariat une institution imposante et respectable, *Præclaram nobilemque militiam.*

Les services que rendaient l'expérience et l'habileté des notaires, dans les affaires qui leur étaient confiées, firent naître l'idée de les introduire dans les différentes branches de l'administration publique ou du gouvernement de l'état. Il y en avait auprès du prince dont ils habitaient le palais. Durant leur exercice, ils étaient entourés de respects, et, quand l'âge ou les infirmités les forçaient de cesser leurs travaux, l'empereur les récompensait par des témoignages d'estime et de bienveillance, qui les accompagnaient dans leur retraite.

Dans les provinces, les délégués du monarque, tels que les présidents et les gouverneurs; dans les villes, les magistrats municipaux et les défenseurs des cités, étaient assistés d'un certain nombre de ces officiers dont les secours leur devenaient précieux, et qui, sous le nom de tabulaires, étaient chargés de dresser les listes des contribuables et de les représenter aux percepteurs.

C'est surtout dans l'important bureau de l'actuaire,

dont ils empruntaient le nom, *Actuarii*, que leurs travaux et leurs services se multipliaient en conservant toute leur utilité. Là se trouvaient différents employés, savoir : les *Exceptores*, qui écrivaient sous la dictée du magistrat; les numéraires, *numerarii*, qui tenaient les registres ou livres des comptes publics; les chartulaires, *chartularii*, préposés à la garde des archives; les aides, *adjutores*, sur lesquels reposait une partie du fardeau de l'office; enfin, les trésoriers, *scriniarii*, chargés du rôle des impôts, et qui recevaient le montant des contributions. Au dessus d'eux tous, le chancelier, *cancellarius*, imprimait aux actes de la juridiction volontaire ou contentieuse les formes et l'autorité dont ils étaient susceptibles.

Ces différentes classes d'officiers, bien qu'elles semblent appartenir à l'ordre des notaires, tenaient plutôt à l'administration publique qu'aux fonctions notariales proprement dites. Celles-ci étaient confiées à des hommes spéciaux, institués dans l'intérêt des citoyens, pour établir leurs contrats; c'étaient les notaires et les tabellions. Leur ministère était compris au nombre des charges municipales; il s'exerçait gratuitement et ne pouvait être rempli par des esclaves. Il y était pourvu de la même manière qu'aux places de juges. Cette amélioration s'opéra sous le règne d'Arcadius et d'Honorius. Pour rehausser l'éclat et faire mieux sentir l'importance des fonctions des tabellions, une loi exigeait qu'ils fussent d'une probité notoire, instruits dans l'art de parler et d'écrire, et versés dans la jurisprudence.

La condition de passer les actes sans recevoir de salaire imposait un fardeau si incommode et si pesant, que les officiers chargés de ce soin, tentèrent tous les moyens pour s'y soustraire : ils désertaient les villes, s'enrôlaient au service de la république, ou entraient dans la maison de l'empereur.

Il fallut toute l'autorité des lois pour ramener ces fonctionnaires au dévouement que commandait l'intérêt de l'état. Le prétexte des exemptions leur fut enlevé, avec défense de quitter leur poste. Et afin de mieux stimuler leur zèle, on fit briller à leurs yeux la considération dont ils jouiraient sous l'égide de la puissance impériale.

Déjà réunis en communauté, ils formaient un collége dont les membres pouvaient aspirer à d'honorables distinctions. Des grades étaient fondés, pour servir de témoignage de leur bonne conduite. Sous le nom de tribuns, de primicères, de secondicères, quelques-uns d'entr'eux avaient pour mission de les protéger et de défendre leurs priviléges.

Les tabellions étaient admissibles aux dignités les plus éminentes : ils pouvaient être nommés décurions, sorte de magistrature d'un rang fort élevé. A Rome et à Constantinople, il leur était permis de se faire remplacer par des substituts qui instrumentaient pour eux. S'ils ne pouvaient pas se rendre à la place publique, où leurs bureaux étaient établis, ils avaient la faculté de recevoir les actes dans leurs demeures où ils faisaient comparaître les parties.

Voilà les prérogatives des notaires et des tabellions.

La législation romaine, qui s'était montrée si généreuse et si bienveillante pour eux, n'avait pas apporté moins d'attention et de sollicitude à déterminer leurs devoirs et la forme de leurs actes.

Avant de parvenir au poste, objet de leurs vœux, ils étaient soumis à une réception solennelle. Il est probable que l'on s'assurait alors de leur expérience et de leur capacité.

Dans l'exercice de leurs fonctions, ils devaient respecter la ligne de démarcation que la loi avait tracée entr'eux. Malgré les rapports intimes qui les liaient les uns aux autres, la différence de leur concours dans les actes, en faisait comme deux classes distinctes d'officiers. Cette observation se justifie par la manière même dont les conventions étaient constatées.

Les parties s'adressaient d'abord aux notaires qui écrivaient par simples notes sur des tablettes la minute ou le brouillon de l'acte. Ce projet appelé *scheda*, et qui, dans l'origine, se convertissait quelquefois en contrat définitif, fut ensuite assujéti à la formalité de la rédaction par le tabellion et de la souscription des parties. Le brouillon dressé, là finissait la tâche du notaire. Pour le complément du contrat, on se rendait devant le tabellion, ou son substitut, qui était tenu de lire aux parties la minute de l'acte, de leur demander si leurs intentions avaient été bien saisies et fidèlement exprimées. Après leur réponse affirmative, il mettait au net, *in mundum*, sur du papier à protocole [1] le projet ou brouillon, ouvrage du notaire. Ainsi se formait la grosse du contrat, la représentation légale de la volonté des stipulants : elle contenait le nom de l'empereur régnant et du consul, la date des jour, mois et an, la mention du lieu, les accords des parties, les noms des témoins spécialement convoqués ou requis, la souscription confirmative des contractants, quand ils savaient écrire, ou, en défaut, l'approbation d'un ami, d'un témoin, ou du tabellion qui souscrivait pour eux, enfin, l'apposition du sceau ou cachet des parties et des témoins. Au moyen de toutes ces formalités, l'acte devenait parfait. La loi le désignait alors par cette expression : *completio contractus*. Il était remis par le tabellion à celui ou à ceux des contractants qui avaient intérêt à le posséder. La minute, considérée comme document inutile, n'était pas conservée.

La présence des témoins n'était rigoureusement nécessaire qu'au cas où les parties ne savaient point écrire. Ils étaient d'ordinaire appelés et requis, *rogati;* il fallait les choisir parmi les gens les plus riches et les plus estimés. Les témoins pris au hasard, *fortuiti,*

---

[1] *Protocole*, chez les Romains, signifiait ce qui était écrit au haut du papier, où l'on mettait ordinairement le temps auquel il avait été fabriqué (Ferrière, Dict. du droit). C'est le timbre de nos jours.

étaient également reçus ; mais ils inspiraient moins de confiance que les autres.

Les actes rédigés par le tabellion étaient bien des actes publics, caractère que le fonctionnaire leur imprimait. Cependant, ils ne faisaient pas foi par eux-mêmes en justice. Dans le cas de dénégation, celui qui les invoquait était tenu de les faire vérifier par témoins et par comparaison d'écritures. On ne pouvait produire pour pièces de comparaison que des titres authentiques.

Il existait un moyen tout-à-fait simple d'échapper aux inconvénients de la dénégation et aux chances si incertaines d'une vérification ; c'était de faire publier l'acte à l'audience du magistrat compétent et de le faire consigner dans les registres de l'actuaire. Voici la marche que l'on suivait : le demandeur comparaissait devant le juge, l'autre partie présente ou dûment appelée ; il requérait la publication de son titre et l'insinuation dans les registres de l'actuaire. Le magistrat en ordonnait la lecture. S'il le trouvait conforme aux lois, il le déposait, après l'avoir souscrit, dans les archives publiques, et il en faisait délivrer expédition. C'est par là que les actes acquéraient la prérogative de l'authenticité.

Nous avons compris la souscription des actes et l'apposition du sceau parmi les solennités qui contribuaient à leur perfection matérielle. Il convient d'ajouter que cette dernière formalité n'était pas, sans doute, regardée comme essentielle ; car elle manque dans beaucoup de titres anciens où la souscription existe seule.

On doit, au reste, se garder de confondre la souscription et le seing des Romains, *signum*, avec la signature des temps modernes.

La souscription, quant aux contractants, était la déclaration écrite de leur main au bas de l'acte et par laquelle ils confirmaient les dispositions du traité. Par rapport aux témoins, la souscription était l'attestation abrégée des accords intervenus en leur présence.

Le seing n'était autre chose que l'apposition du sceau, la marque particulière du cachet ou de l'anneau que chaque famille ou chaque citoyen employait dans les actes, comme signe d'individualité, comme témoignage visible et durable du consentement qui avait présidé à la convention. Signer, *signare*, *adsignare*, c'était alors imprimer son cachet, *facere signum*, sur les tablettes ou le papier renfermant les conditions du contrat [1].

La signature, image alphabétique des personnes, expression tracée par elles de leur nom de famille, eut une orgine beaucoup moins ancienne que le seing, *signum*. Il est assez difficile de préciser l'époque où la coutume de mettre son nom au bas des écritures s'introduisit chez les peuples modernes ; à quel propos et dans quelles circonstances la signature prit la place du sceau.

---

1 Anc. Rép. de Jur., V° Notaire.

Les jurisconsultes ont recueilli, parmi les débris de l'antiquité romaine, des actes de vente des années 539, 540 et 572, qui justifient les observations déjà faites sur la forme des conventions civiles.

Dans le premier de ces actes, consenti par une mère, sa fille et son fils, on voit le *signum* des deux femmes qui ne savaient point écrire, puis la souscription du fils, et enfin celles des témoins.

« Signum manus ✠ Thulgilanis h. f. [1] vendetrice » ss [2].

« Signum manus ✠ Domnicae h. f. vendetrice » ss.

» Ego Deutherius vir honorabilis qui suprà vende- » tor his instrumentis vigenti ugerum fundi ss. con- » cordiacus, factis, tam à me, quam à ss. matrae mea » Thulgilanae et Cermana mea Domnica h. h. ff. ven- » detrices, quæ superius signa fecerunt, omnia ss. cum » easdem consensiens, relegi, consensi et subscribsi, » et ss. nomerum auri solidos centum decem in prae- » senti pariter adcipimus ad plenum, et soluti sumus, » et testis ut scriberent conrogavimus.

» Serapion Viristan... vir devotus in his instru- » mentis viginti jugerum fundi concordiacus rogatus » à Thulgilane h. f. matre et ab ejusque filiis Dom- » nica h. f. et Deutherio v. h. ss. venditoribus ipsis » praesentibus testis subcribsi, et ss. praetium auri

---

[1] Honorabilis feminæ.

[2] Suprascriptæ.

» solidos centum decem in praesenti traditus vidi. »

Suivent les souscriptions des autres témoins.

Dans le troisième des actes cités, le seing apparaît sous cette forme :

« Signum ✠ ssti Domnini viri hon. Agellarii » venditoris. »

Quelquefois on exprimait l'ignorance où les contractants étaient de l'écriture. L'acte de 540 en fournit un exemple.

« Signum Domnici viri honorandi ss. venditoris » litteras nescientis. »

Les notaires et les tabellions n'étaient pas les seuls qui eussent reçu de la loi mandat de dresser acte des conventions. Le bienfait de cette institution parut devoir être général, à la portée de tous. Les présidents, les gouverneurs de province, à la suite desquels marchait le bureau de l'actuaire, résidaient dans les villes principales. Les autres lieux jouissaient rarement de cette faveur.

Pour faire cesser les inconvénients qui naissaient d'un tel état de choses, les lois rendirent commun aux magistrats municipaux, aux défenseurs des villes, aux présidents et aux gouverneurs de province le pouvoir de constater les traités des citoyens.

C'était, du reste, un hommage légitime rendu à des magistrats investis de la confiance de la république, chargés de rendre la justice et d'assurer une bonne police. La participation aux fonctions notariales, qui constituent la juridiction volontaire, semblait rentrer dans leurs attributions.

Les défenseurs des villes étaient d'ailleurs établis pour veiller aux intérêts de leurs concitoyens. On voit dans une constitution de l'empereur Justinien combien était noble et belle cette mission confiée aux hommes les plus honorables. Ils devaient empêcher que les faibles et les pauvres ne fussent opprimés par les puissants : ils étaient les juges du menu peuple, les conservateurs de ses privilèges contre les entreprises des grands : ils connaissaient des affaires peu importantes et des petits délits. Devant eux pouvait se faire l'insinuation des testaments, des donations et autres actes qui avaient besoin de cette formalité pour devenir authentiques.

Tels furent l'origine et les progrès du notariat chez les Romains; tels les caractères, les formes et les effets des contrats, dans leurs institutions, tant que leur influence politique se maintint au dehors, tant que leur législation conserva son autorité sur les peuples qu'ils avaient soumis.

La puissance romaine expira en Occident, et la capitale du monde tomba sous le joug des barbares, pour ne se relever jamais : ils firent disparaître de la scène un fantôme d'empereur dont l'histoire n'a pu nous transmettre que le nom [1]. Auteur de cette révolution, Odoacre, chef des Hérules, dédaigna de revêtir la pourpre impériale, et se fit proclamer simplement roi d'Italie, en l'année 476.

[1] Augustule.

Une plus longue existence était réservée à l'empire d'Orient. Justinien, à Constantinople, soutenait la splendeur du nom romain par les travaux de ses jurisconsultes et les exploits de ses généraux.

Mais, enfin, ces précieux débris des conquêtes du grand peuple furent la proie des califes, successeurs de Mahomet. Un prince de ce nom attaqua, prit Constantinople, et bientôt tombèrent en désuétude les lois qu'on avait si long-temps observées dans ce pays.

Sa nouvelle constitution, si l'on peut appeler ainsi le code théocratique que les sectateurs du prophète mirent en ordre et publièrent après sa mort, retraça l'image des vices dont il avait tenté d'arrêter le débordement, et offrit la peinture séduisante des mœurs qu'on voulait leur substituer; livre trop peu connu, trop négligé dans le système d'éducation des autres peuples, et où brillent des sentiments généreux et de grandes pensées parmi les rêves de l'ambition et de la sensualité.

Le Coran, qui révèle par des passages nombreux les sources sacrées où son auteur avait puisé ses sublimes inspirations; qui rappela avec complaisance les traditions, la vie des patriarches et des prophètes; qui proposa pour règles de conduite aux fidèles musulmans les doctrines des sages de l'antiquité, les préceptes du législateur des Hébreux et la morale de l'Evangile; le Coran renferme aussi quelques maximes sur les conventions civiles, la vente, le mariage, le divorce ou la répudiation, les successions, etc., ainsi que sur la forme matérielle des actes et sur le ministère de ceux qui en étaient les rédacteurs. Mahomet recommandait à ses disciples les principes de justice et de loyauté qui doivent présider aux contrats.

L'écriture n'était pas de leur essence, dans tous les cas. Il suffisait de deux témoins, même en matière de testaments.

Quand on voulait constater l'obligation de payer une dette à terme, l'intervention du scribe était nécessaire. Il était appelé pour tracer de sa main l'engagement du débiteur, en présence de témoins [1]. Cet officier, dont le nom même prouve l'hommage que le nouveau culte rendait aux usages des anciens Israélites, devait être semblable à ceux dont on se servait jadis dans les villes de la Judée.

La mission de l'apôtre arabe n'exerça qu'une faible influence sur les lois et les coutumes des croyants. Le climat voluptueux de l'Asie, les vieilles traditions, les douces habitudes de la vie orientale reprirent tout leur empire. Sous un gouvernement despotique, où les caprices du souverain pouvaient disposer arbitrairement de la fortune et des jours de ses sujets, il ne fallait pas attendre les réformes qui attestent les progrès de l'esprit humain.

Il s'est accompli récemment dans ces contrées de merveilleuses révolutions. Un homme à volonté ferme, d'un grand caractère et d'une résolution inébran-

---

[1] Coran, ch. 2.

table, l'empereur Mahmoud, luttant avec persévérance contre le génie de sa nation, osa porter la réforme sur d'antiques coutumes que ne put détruire dans les siècles passés l'autorité des sultans les plus redoutés : il sut s'affranchir de ces turbulents et audacieux janissaires, toujours prêts à la révolte, et qui décidaient par le glaive du choix de leurs maîtres. S'élevant à la hauteur de son époque, entouré de savants, il donna l'exemple de la tolérance et d'une bienveillante conciliation pour le culte, les usages et les institutions des peuples éclairés. On vit le turban s'incliner avec respect devant les arts et les sciences d'Europe.

Mahmoud était encore dans toute la vigueur de la pensée, quand il a été surpris par une mort imprévue au milieu de ses méditations civilisatrices. Cet événement a retenti avec éclat dans le monde politique. Il semblait présager à la Porte Ottomane et à son jeune souverain de terribles calamités; mais les grandes puissances de la chrétienté sont intervenues pour veiller sur les destinées de l'empire du Croissant.

L'Europe était préocupée de cette vaste question d'Orient, lorsqu'on a vu tout-à-coup le gouvernement du jeune Abdul-Meschid s'élancer hardiment dans la voie des innovations. Le hatti-schériff du 3 novembre 1839 est destiné à une grande célébrité. Quel spectacle que des institutions libérales et généreuses, offertes à des hommes façonnés au despotisme, dans un pays où il n'y avait qu'un maître et des esclaves !

De graves dangers environnent le successeur de

Mahmoud. S'il triomphe, que l'œuvre de la réforme se poursuive avec constance ; qu'Abdul se souvienne des dernières instructions de son père ; que de sages conseillers lui rappellent que dans la ville des Constantins, furent publiés ces codes immortels qui ont porté la lumière et la civilisation chez les peuples modernes.

Pour l'Occident, son sort était fixé.

Après la mort de Justinien, des hordes nombreuses de barbares se répandirent dans toute l'Italie. Les Goths y régnèrent soixante ans.

Ils en furent chassés par les Lombards dont la domination eut deux siècles de durée.

Ces brusques changemens ne portèrent qu'une légère atteinte à la jurisprudence romaine et aux institutions qui l'avaient consacrée. Les Lombards, pour faire goûter leur code, eurent recours aux prestiges de la langue latine, et annoncèrent que le droit théodosien serait suivi dans les jugements.

Les lois romaines avaient donc encore du crédit en Italie. Elles étaient tellement enracinées dans les mœurs et les idées du peuple, qu'il eût été difficile de lui faire adopter de nouvelles formes et de nouvelles coutumes.

Aussi trouve-t-on jusqu'à l'année 572, parmi les monuments de l'ancienne jurisprudence romaine, des actes rédigés par les tabellions, et inscrits dans les registres de l'actuaire, comme au temps où Rome, libre et puissante, n'avait pas encore senti le fer des barbares.

Les Italiens virent depuis refleurir les lois de leurs aïeux. Charlemagne, élu empereur, l'an 800, ordonna l'observation du code Théodosien en Italie, laissant toutefois la faculté de se conformer au droit des Lombards, permission dont les descendants des Romains ne durent pas se montrer jaloux de faire un fréquent usage.

Cette impulsion donnée par un monarque français, rencontra un auxiliaire énergique dans la disposition des esprits et l'amour de la patrie. La législation romaine retrouva ses temples, ses autels et ses ministres. Les villes d'Italie s'empressèrent de rouvrir leurs académies de jurisprudence. L'une d'elles, célèbre à plusieurs titres, l'académie de Bologne, rendit dans ses cours publics un hommage éclatant au notariat. Une chaire était établie en son honneur, dès la fin du onzième siècle. On y recevait des docteurs *en notariat*.

Cette ardeur pour l'étude du droit s'accrut après la découverte des Pandectes de Justinien [1]; et, depuis, toutes les institutions du peuple législateur durent reparaître dans leur sol natal avec un nouveau lustre. Le ministère des tabellions ne fut pas le moins protégé; il ne devait être confié qu'aux laïques. Vers les dernières années du 12me siècle, le pape Innocent III défendit aux prêtres, aux diacres et aux sous-diacres de se livrer à l'exercice de ces fonctions.

---

[1] Trouvées dans le pillage d'une petite ville d'Italie.

L'Italie moderne garde les traditions de ses ancêtres. Comme eux, elle s'occupe avec intérêt du notariat : elle se distingue surtout par le zèle et la sollicitude qu'elle apporte dans la conservation des minutes des contrats publics.

CHAPITRE VI.

DES GAULOIS ET DE LEURS SUCCESSEURS.

§ Ier. — *Des Gaulois avant l'invasion romaine.*

Les cités nombreuses, indépendantes les unes des autres, qui formaient autant de républiques dans les Gaules, et dont la réunion représentait le corps de la nation, possédaient sans doute peu de monuments législatifs avant leur soumission à l'empire romain. Il n'en reste plus aucun vestige. Pour connaître leurs établissements et leur administration intérieure, il faut recourir aux historiens qui nous ont conservé quelques traditions sur les mœurs, le gouvernement et les institutions des Gaulois.

Leur constitution, basée sur le système municipal, était aristocratique, quoique mélangée de quelques éléments de démocratie. A considérer le pouvoir presque sans bornes dont leurs prêtres étaient investis et l'autorité qu'ils exerçaient dans les conseils et les jugements publics, il convient d'ajouter que la théocratie entrait aussi dans les formes organiques de l'état civil et politique de la Gaule.

Chaque cité, dont les limites embrassaient une assez vaste étendue de territoire, avait son sénat particulier, ses règlements et ses magistrats.

Et quand il s'agissait des intérêts généraux, une grande assemblée, composée de tous les Gaulois capables de porter les armes, se formait dans les forêts de Dreux, pour y traiter de la paix et de la guerre, sujet le plus important et le plus ordinaire de leurs délibérations. Les historiens ont conclu de là que le gouvernement était fédératif.

On conçoit que chez des peuples encore grossiers, qui aimaient passionément la guerre et les exercices violents, image des combats, les lois devaient être fort simples et en petit nombre.

Les Gaulois durent marquer surtout peu de sympathie pour les institutions civiles, lorsque, tourmentés du désir des conquêtes, pressés par une population qui débordait de tous côtés, et séduits par la description qu'on leur faisait du climat délicieux et des riches contrées d'Italie, ils ne rêvaient qu'expéditions lointaines et aventureuses.

Ce n'est pas qu'ils fussent étrangers à toute idée de gouvernement régulier. La tradition atteste qu'ils avaient une administration organisée.

Il ne reste aucun monument qui nous rappelle la forme de leurs actes et de quel intermédiaire ils se servaient pour manifester leurs intentions.

On assure toutefois qu'à une époque éloignée, les Gaulois faisaient usage de la langue grecque dans la rédaction de leurs contrats [1]. Cette opinion fait naître l'idée, que la colonie phocéenne établie à Marseille, plusieurs siècles avant l'apparition du christianisme, avait répandu autour d'elle le goût des lettres et des arts de sa première patrie.

Mais en quoi consistaient ces conventions que la langue grecque aurait été appelée à constater? De quelles solennités étaient-elles accompagnées? Quels étaient les interprètes ou les organes de la volonté des contractants? On ne peut douter que l'usage de régler par écrit les rapports des cités gauloises entre elles ou de leurs citoyens respectifs, ne fût rare et borné. Le flambeau de la raison et de l'expérience ne brillait pas depuis assez long-temps dans ces contrées, pour avoir dissipé l'ignorance des peuplades sorties des forêts de la Germanie.

Et si l'écriture était employée dans les actes de l'autorité publique, dans les accords des particuliers, les Druides, si honorés et si puissants, eux qui possédaient comme un patrimoine les connaissances humaines dont ils dérobaient avec soin les secrets au vulgaire, les Druides durent être les dépositaires des intérêts des villes et des familles, les rédacteurs et les gardiens de leurs traités.

Il se peut aussi que l'on s'adressât à ceux qui ren-

---

[1] Strabon, l. 4, p. 181.

daient la justice dans les cités. Il y a de si grands rapports entre le magistrat, assis sur son tribunal, d'où il fait respecter les droits des citoyens, et le fonctionnaire dont la mission consiste à manifester l'hommage librement rendu à ces mêmes droits, qu'il ne serait pas étonnant que l'idée fût venue de faire établir par les juges ordinaires les transactions sociales.

En l'absence de documents et de témoignages historiques, il faut se contenter de ces conjectures, et traverser plusieurs siècles pour découvrir quelques traces certaines de l'existence des notaires et des tabellions.

§ 2. — *Des Gaulois sous la domination romaine.*

L'histoire de nos institutions, à cette époque, ne peut être, sauf quelques exceptions isolées et sans importance, que l'histoire de la domination de ceux qui avaient conquis les Gaules.

Après la réduction de ce pays, les coutumes de Rome pénétrèrent dans les mœurs et les usages du peuple vaincu, qui perdit bientôt sa fierté naturelle et le sentiment de l'indépendance. Les familles les plus illustres, cédant à l'appât de la fortune et des honneurs, recherchèrent à l'envi la protection et les faveurs des maîtres du monde.

La sujétion était habilement déguisée sous des titres pompeux et flatteurs, sous les noms d'alliance et d'amitié. Il semblait qu'on n'osât pas encore affecter les formes et le langage de la souveraine puissance. Ce fut pendant le règne d'Auguste, que l'esprit de conquête quitta le masque. Alors seulement la Gaule fut mise au nombre des provinces de l'empire.

Mais l'esclavage politique s'était révélé par des actes patents. Un tribut annuel; des ordres émanés d'un proconsul ou du préfet du prétoire, avertissaient les cités gauloises de leur défaite et de leur asservissement. La langue latine avait remplacé la langue grecque dans la rédaction des contrats publics, et de là commençait à se répandre dans les familles, pour exprimer les besoins et les usages de la vie.

Au milieu de la dégradation générale, des voix courageuses, réveillant le souvenir des anciens combats, faisaient entendre dans les Gaules de mâles accents. L'histoire a consacré les noms de ces généreux citoyens qui, au péril de leur vie, s'efforçaient de rallumer dans les cœurs l'amour de la patrie et de la liberté.

Cependant les vainqueurs avaient maintenu dans la province conquise l'organisation des curies et leur régime administratif, mais en les dépouillant de toute influence.

Les cités gauloises conservaient aussi la faculté de suivre leurs lois civiles; mais elles les sacrifièrent à l'ambition.

A cela près, tout offrait l'image du gouvernement romain.

Le préfet du prétoire avait la direction générale de

la justice et des finances. Sous lui étaient trois vicaires ou lieutenants ; l'un pour l'Espagne ; l'autre pour la Bretagne ; le troisième pour les provinces de la Gaule.

L'autorité militaire résidait depuis Constantin entre les mains d'un maître de la milice, ayant sous ses ordres des ducs, des comtes, des tribuns et des centurions.

Les gouverneurs de chaque province étaient désignés par le nom général de recteurs, *rectores* : six d'entre eux portaient le titre de présidents, et onze celui de proconsuls. Les commandants des cités s'appelaient comtes.

Des assemblées générales, formées des députés de la Gaule, délibéraient sur les grands intérêts du pays, de l'ordre et sous les auspices des empereurs.

Il suffit de ces rapprochements historiques pour montrer l'autorité que les Romains exercèrent dans les Gaules.

L'empire de leurs lois s'établit notamment dans le Languedoc, la Provence et le Dauphiné, qui avaient rendu hommage à la république, bien avant les victoires et les conquêtes de Jules-César. Ces contrées, dont les habitans étaient tout-à-fait Romains, par l'habitude d'une longue soumission et par sympathie, firent preuve d'un vif attachement pour les codes qu'elles avaient reçus des vainqueurs. Un si généreux penchant triompha des efforts des Visigoths, quand ces barbares tentèrent d'introduire leurs coûtumes dans la patrie des anciens Tectosages.

Les notaires et les tabellions que Rome avait érigés en officiers publics, durent être le type de ceux que l'on créa parmi les Gaulois. Leur institution offrait de si grands avantages; l'esprit d'obéissance et d'imitation avait poussé de si profondes racines, que la présence de ces fonctionnaires dans les traités dut être regardée comme un bienfait.

Ainsi, pendant près de quatre cents ans, tout ce que les Romains possédaient de coutumes propres à seconder les progrés de la société, servit à régler les rapports des Gaulois, considérés isolément ou dans l'état de réunion que la conquête avait produit. C'est un fait qui s'accomplit d'ordinaire à suite d'une grande révolution, lorsque le parti vainqueur apporte avec le principe d'une autorité nouvelle des lumières, les arts et des usages utiles, fruits de l'expérience et de la civilisation.

Nous sommes pour le temps que nous venons de parcourir sans documents qui retracent à nos yeux la forme des contrats que l'on passait à cette époque dans les Gaules; mais il existe tant de preuves de l'ascendant que les Romains avaient pris sur les habitants de ce pays; leur domination y était si bien établie; les premiers personnages de la province s'étaient résignés à lèur sort de si bonne grace, qu'il n'est pas douteux que les institutions des vainqueurs n'y fussent observées, comme au centre même de l'empire.

§ 3. — *Des Francs, successeurs des Gaulois-Romains, durant la première dynastie de nos rois.*

DE L'AN 420 A L'AN 752.

Les Romains combattaient pour le maintien de leur autorité dans les Gaules : ils y régnaient encore, non pas sur toute l'étendue de territoire que Jules-César avait soumise. L'intégrité de ses conquêtes avait déjà souffert de rudes atteintes, lorsque des populations germaniques, ayant franchi le Rhin, firent une irruption dans le pays où les Gaulois, devenus Romains, ne formaient qu'un peuple avec les vainqueurs.

Ceux-ci, pressés bientôt de toutes parts, au Midi par les Visigoths, à l'Est par les Bourguignons, surtout au Nord par les Francs, durent se retirer vers les contrées occidentales, où ils ne tardèrent pas à être inquiétés.

Les Visigoths prirent possession des terres à eux abandonnées sous le règne de l'empereur Honorius. Toulouse fut la capitale de leur royaume.

De leur côté, les Bourguignons se fixèrent dans cette partie des Gaules à laquelle ils donnèrent leur nom, dont ils firent un état respectable, et qui dans la suite des temps fut incorporée au royaume de France.

Quant aux Francs, destinés à occuper tout le pays, ils s'avancèrent, signalant par des victoires leurs progrès dans les provinces où leurs chefs, heureux et vaillants, devaient établir solidement leur domination.

Au milieu de ces événements militaires, les lois, marquées d'une empreinte particulière, offraient l'image de la puissance publique dont elles étaient l'expression. Le Romain était régi par les constitutions des empereurs. Le Bourguignon et le Visigoth avaient leurs codes. Les Francs ne reconnaissaient que le pacte qu'ils avaient apporté avec eux et qu'ils décrétèrent aussitôt après leur dernière invasion.

L'histoire a rappelé par un fait mémorable la division territoriale et politique que nous venons de signaler. Attila parcourait les Gaules qu'il menaçait d'une sanglante dévastation. Il fut arrêté dans les plaines catalaniques (de Châlons), et repoussé par les Francs, les Romains, les Visigoths et les Bourguignons ; les premiers ayant à leur tête Mérovée, leur roi ; les seconds, le général romain Aétius ; et les autres Théodoric et Gondicaire, leurs princes respectifs.

Le plus remarquable et le plus antique des codes qui parurent alors dans les Gaules, est la constitution politique et civile que les Francs-Saliens, une des tribus de la grande nation germanique, publièrent, l'an 422 ou 424 de l'ère chrétienne, sous le titre de loi salique [1].

---

[1] La loi salique fut rédigée par quatre des principaux d'entre les Francs (proceres), discutée dans trois assemblées consécutives (mallos), et décrétée en l'an 422 ou 424 : — elle fut corrigée par Clovis, Childebert et Clotaire, vers l'an 500 : — elle fut revue et publiée par Dagobert 1er. — La rédaction actuelle est celle de Dagobert. (M. Isambert, Rec. des anc. L. franç., t. I, p. 3 et 25, aux notes.)

Cette loi, aujourd'hui composée de quatre-vingts titres, contient de précieuses dispositions sur les principes conservateurs de la sureté individuelle et de la propriété, ce qui prouve que les Francs ne doivent pas être confondus avec les peuples barbares de ces siècles reculés.

Le pacte de la loi salique est d'ailleurs le premier monument de notre droit public, la base sur laquelle repose le gouvernement monarchique de France, la loi que l'on a invoquée dans le cours des âges, pour régler l'ordre de succession à la couronne. C'est l'art. 6 du 62me titre, qui sert d'appui au système de l'hérédité masculine, à l'exclusion des femmes. *De terrà salicà nulla portio hœreditatis mulieri veniat, sed ad virilem sexum tota terræ hœreditas perveniat* [1].

Les Francs avaient des magistrats et des fonctionnaires, pour assurer l'exécution de leurs lois et pour

---

[1] D'après l'opinion commune, la terre salique est une dotation faite à la charge du service militaire. La couronne aurait été un fief militaire; de là on a conclu que les femmes en étaient exclues. (M. Isamb., t. 1, p. 29.)

La terre salique n'était autre chose que la terre paternelle ou patrimoniale; c'était un alleu. On entendait par ce mot un patrimoine tenu en franchise par un homme libre. Les femmes en étaient exclues, parce que chez les Francs chaque guerrier était tenu de s'armer et de s'équiper à ses frais, et de supporter toutes les charges du service militaire. Pour subvenir à ces dépenses, la loi salique voulut que les immeubles paternels fussent mis dans le lot des mâles. Cette loi de succession fut ensuite appliquée à la royauté, qui était considérée comme patrimoniale de sa nature. La loi salique fut celle de la maison régnante; et c'est pour cela que les filles ont été exclues de la couronne de France. (M. Isamb., Essai, t. 5 du rec. cité).

rendre la justice. Le roi formait le premier anneau de la chaîne : il était le chef suprême de la justice, comme le chef militaire de la nation.

Après lui venaient les magistrats et les grands dignitaires de la couronne. Le comte était parmi eux le plus puissant et le plus élevé.

A des intervalles peu éloignés l'un de l'autre, reçurent la sanction de la puissance publique, savoir : à Rome, en l'année 443, le code théodosien, pour être observé en Occident, (ce qui comprenait les Gaules); à Toulouse, en 446, la loi des Visigoths; à Lyon, en 502, celle des Bourguignons [1].

Les Visigoths essayèrent sans succès d'associer à leur domination la loi qu'ils avaient faite. Les dispositions peu favorables qu'ils remarquèrent dans les habitants de la Gaule méridionale, les déterminèrent à changer de dessein : ils crurent alors qu'il n'y avait rien de mieux que d'ordonner la révision du code théodosien qui régissait déjà cette province. Une nouvelle édition en fut faite avec l'approbation des évêques et des nobles, sous le règne d'Alaric II, par les soins d'Anien, son chancelier, et publiée en Aires en Gascogne, le 2 février 506.

Clovis fit asseoir à côté de lui sur le trône la religion des chrétiens. On devrait le regarder comme le premier roi des Français et le véritable fondateur de la

---

[1] Dite loi Gombette, parce qu'elle fut publiée par Gondebaud, roi des Bourguignons. (Is.)

monarchie. Puissamment secondé par le clergé gallican, il porta les derniers coups à la domination romaine.

Le pouvoir du prince franc s'affermit et se consolida, lorsqu'il eut revêtu les insignes des dignités romaines qu'il avait acceptées de l'empereur d'Orient.

Imitant la sage politique des Romains, d'ailleurs conforme aux intérêts de son ambition et à ses projets d'agrandissement, Clovis ne voulut point dépouiller de la liberté de vivre d'après leurs coutumes les populations qu'il avait vaincues ou qui s'étaient soumises à son autorité.

A son exemple, Clotaire, son fils, ordonna de juger les Gaulois ou Romains, dans leurs contestations, par la loi romaine, c'est-à-dire par le code théodosien, le seul qui eût été reçu en France.

Tel fut l'ascendant des Romains, malgré leur décadence, que ce code était encore généralement suivi dans les provinces qui avaient ressaisi leur indépendance, ou qui avaient accepté d'autres maîtres.

Ce fait, attesté par l'histoire et qu'on retrouve jusque chez les rois de la deuxième race, nous autorise à proclamer que l'on continua de faire usage des règles et des institutions que les Romains avaient introduites dans les Gaules.

On n'en peut douter, quant aux notaires et aux tabellions, ces fonctionnaires de création romaine, accueillis avec faveur sous la protection du pouvoir qui encouragea l'adoption de tous les établissements utiles.

Si les Francs, vainqueurs des Gallo-Romains, conservèrent les formes particulières de leurs contrats, en respectant les usages du peuple vaincu, il est vraisemblable que la législation romaine, aidée des lumières et de la civilisation de ceux qui la pratiquaient, se mêla peu à peu aux coutumes saliques et finit par les éclipser.

A l'instar de ce qui se faisait à Rome, dans les temps anciens, des notaires durent être placés auprès du roi et des principaux magistrats.

Le monarque avait besoin d'un tel secours. L'art de l'écriture était peu cultivé : une nation guerrière et conquérante ne s'occupe guère avec intérêt que des choses qui lui rappellent la gloire des combats.

Les notaires devaient s'offrir à la pensée du prince, comme les plus capables de seconder son action gouvernementale. Versés dans l'usage de l'écriture, habiles dans les affaires, il était naturel qu'ils fussent choisis pour manifester les volontés du souverain.

Les mêmes considérations, les mêmes motifs d'utilité amenèrent leur intervention dans les conventions civiles.

Le préambule de la loi Gombette nous fournit un argument d'une haute portée. Nous y trouvons d'abord les traces d'une sorte d'alliance politique entre les Bourguignons et les Romains, c'est-à-dire entre les vainqueurs et les vaincus, au sujet de l'application des lois. Nous voyons ensuite que des notaires assistaient les magistrats délégués par le roi pour rendre la justice.

C'était avec un semblable cortége, que les gouverneurs ou présidents romains administraient les provinces confiées à leurs soins vigilants. Avec eux marchaient les bureaux de l'actuaire, tenus par les chanceliers, les notaires et autres officiers préposés à la garde des archives, à la réception et à la publication des contrats.

Cet hommage rendu à l'empire des coutumes romaines aurait-il été circonscrit dans la partie de territoire occupée par les Bourguignons, sans se communiquer aux terres limitrophes où les Francs étaient établis? On ne saurait le concevoir, quand il s'agit de populations rapprochées l'une de l'autre, moins par le voisinage de leurs possessions que par le lien d'une origine commune.

Les dispositions testamentaires de St Remy, évêque de Reims, qui baptisa Clovis, sont une nouvelle preuve de l'influence du droit romain sur la forme extérieure des actes chez les Francs. Ce testament, qui dut être fait vers l'an 535, porte dans son préambule l'invocation du droit prétorien : il rappelle les précautions que l'on prenait, d'après la jurisprudence romaine, pour assurer ses volontés dernières. On y trouve les expressions, les tournures de phrases employées à Rome pour l'institution héréditaire. *Ego Remigius episcopus civitatis Remorum sacerdocii compos testamentum meum condidi jure prætorio, atque id condicillorum vice valere præcepi si juris aliquid videbitur defuisse. . . . . . Tu mihi hæres esto. . . . .*

Tout annonce donc qu'en France, à cette époque, la loi romaine était celle qui dominait dans le règlement des affaires, et que, conformément à ses maximes, des notaires intervenaient pour consacrer par leur présence et leur attestation les transactions des citoyens.

Il reste si peu de monuments authentiques de la dynastie mérovingienne, qu'il n'est pas surprenant que l'on soit réduit à de simples probabilités sur le ministère des tabellions, dans ces temps éloignés.

Nous savons néanmoins que les actes, sous forme de diplômes, confirmatifs des jugements rendus dans les plaids, étaient souscrits par des notaires qui attestaient les avoir reçus. Les diplômes royaux, plus importants, offrent communément la souscription du monarque et celle du référendaire [1]. A défaut de la signature du roi, que l'on suppléait par une croix, tracée de sa main, son nom était écrit par le référendaire ou par le notaire.

D'un autre côté, Marculfe, moine français, qui vivait au milieu du septième siècle, composa un recueil de formules des actes usités de son temps. Sa compilation reproduit la contexture d'un testament reçu par un notaire et rédigé suivant les règles du droit romain. Pour ne laisser aucune incertitude,

---

[1] Grand officier de la couronne, qui gardait l'anneau et le cachet du roi, scellait les chartes et veillait à la conservation des registres et des actes du gouvernement. (Anquetil, Hist. de France, t. 1.)

l'auteur écrivit dans sa formule ces mots significatifs : *juxta consuetudinem romanorum. . . . . . ut romanæ legis decrevit auctoritas. . . . . .* et dans le corps du testament, cette expression non moins précise : *quod* (testamentum) *illi notario scribendum commisimus.*

Enfin, pour compléter la comparaison, il est à propos de rappeler que nos ancêtres usaient du mode d'insinuation dans les registres de l'actuaire, ainsi que les Romains l'avaient établi, quand on voulait rendre authentiques des conventions constatées par écrit. C'est encore à Marculfe que nous devons cette découverte.

On remarque dans son ouvrage que les notaires intervenaient rarement dans les conventions ; que la plupart des traités, empruntant la forme épistolaire, se formaient comme, de nos jours, s'établissent les actes privés. Le recueil des formules renferme des contrats de vente et d'échange ainsi rédigés. Le morceau le plus digne d'attention est la lettre d'un père qui, corrigeant la dureté de la loi salique, déclare rappeler sa fille et l'associer à ses fils dans le partage des biens qu'il doit laisser à sa mort.

En résumé, les tabellions Romains que les Francs trouvèrent dans les Gaules, lorsqu'ils envahirent ces contrées, furent respectés et maintenus dans l'exercice de leurs fonctions, sans qu'il parût nécessaire de les confirmer par un acte de l'autorité publique. On les adopta tels qu'ils étaient organisés, avec les attributs et les solennités que Rome avait consacrés.

Les notaires furent admis auprès du roi, des seigneurs et des magistrats. Ils concouraient à la marche de l'administration publique et à préparer les décisions judiciaires. Les citoyens s'adressaient à eux pour tous les actes qui concernaient leurs affaires privées.

La forme des conventions subit une notable modification, relativement à la souscription. Chez les Romains, c'était l'approbation de l'acte, écrite de la main des contractants. En France, dès la première race de nos rois, la souscription, au moins dans les diplômes, était la signature, telle qu'on la pratique aujourd'hui. Le nom propre, écrit au bas des actes, était souvent accompagné du sceau, cachet, ou anneau royal. On se bornait quelquefois aussi à une croix tracée avant la signature. Cet usage fut général et subsista longtemps. A la place de la signature, quand on ne savait pas écrire, c'était la croix qui, jointe au sceau, tenait lieu de souscription.

Les anciens diplômes des Mérovingiens nous offrent quelques particularités. Certains d'entre eux portent la signature du notaire ou du référendaire, et celles des prélats et des grands officiers de la couronne dont le monarque trouvait à propos de s'environner [1].

Quant aux actes notariés, proprement dits, il est à croire que leurs caractères extérieurs se rapprochèrent de la forme des diplômes. L'imitation est dans les mœurs des peuples, lorsque l'exemple est donné par les princes et les grands personnages de l'état. Cette

---

[1] Isamb., Rec. des anc. L. franç., t. 1, préf., p. xciij.

opinion est de plus confirmée par les monuments que nous avons déjà signalés.

Ce ne fut pourtant pas un précepte rigoureux, et dans la pratique on se conforma long-temps encore aux anciennes formalités. On remarque dans beaucoup de vieux titres, postérieurs même au règne de St Louis, l'absence de toute signature, ce qui doit avoir fourni la matière de l'observation faite par un profond jurisconsulte, que l'usage de signer les actes n'existait pas avant les rois de la troisième race [1].

Il n'est pas facile d'assigner les circonstances de cette innovation. S'il est permis de hasarder sur ce point quelques conjectures, on dira que la coutume empruntée des Romains d'imprimer son cachet sur les actes, inspira l'idée de donner à cette empreinte la forme d'un chiffre renfermant toutes les lettres dont se formait le nom de la personne à laquelle on voulait l'appliquer. Ce serait l'origine du monogramme. Dans la suite, pour exprimer la même idée avec plus de clarté, on aurait décomposé le monogramme, et le nom propre se serait ainsi trouvé naturellement amené à la fin des actes. Ce serait l'origine de la signature. L'usage du chiffre monogrammatique ne fut pas proscrit. On l'employa par fois à côté de la signature dont il était l'abrégé.

---

[1] Merlin, Rép., v° signature.

§ 4. — *Des Français sous la dynastie des rois Carlovingiens.*

DE L'AN 752 A L'AN 987.

Il était réservé à Charlemagne, ce puissant monarque, qui répandit tant d'éclat sur son règne et sur la nation française, de poser la première pierre de l'édifice que les rois, ses successeurs, élevèrent en l'honneur du notariat. Conquérant et législateur, il déposa dans ses capitulaires [1] les témoignages de sa sollicitude pour l'administration de la justice. S'il n'accomplit pas tous les projets de réforme et d'amélioration qu'il avait conçus, il ne faut en accuser ni sa volonté ni son génie.

Ce prince devina l'importance future de l'institution notariale et les services qu'elle pouvait rendre à la société. Dans son estime pour les notaires, il leur conserva la qualification de *juges chartulaires* qu'ils paraissaient avoir anciennement portée.

L'empereur avait des notaires auprès de lui pour l'expédition des actes de la chancellerie : il ordonna à ses délégués d'en établir dans ses domaines : il enjoignit aux évêques, aux abbés et aux comtes d'en être pourvus.

---

[1] Le titre de *capitulaires* vient de ce que les lois étaient divisées en articles appelés en latin *capitula*, en sorte que ce mot se prenait tantôt pour un article, tantôt pour la réunion et la suite des articles. (Isamb., t. 1. Préf. du rec. cité.)

Il dut en être institué notamment au Châtelet de Paris, tribunal d'antique origine où la justice fut d'abord rendue par un comte, puis (sous les Carlovingiens) par un vicomte, et dans la suite par un magistrat qui prit le nom de prévôt.

Les commissaires députés dans les provinces, *missi dominici*, étaient des personnages éminents que le monarque y envoyait pour rendre la justice en son nom, à certaines époques de l'année, dans des assises présidées par eux. Les comtes, les évêques et les abbés, auxquels il était prescrit d'avoir des notaires, étaient des seigneurs de fief qui avaient droit de juridiction dans les terres formant leurs seigneuries.

Il semble que l'on puisse conclure de là que les notaires établis dans les domaines royaux et les notaires nommés par les comtes, les évêques et les abbés, étaient particulièrement des officiers destinés à concourir aux actes de la justice et de l'administration, tels que furent dans la suite les notaires-secrétaires du roi et les notaires du parlement, tels qu'avaient été à Rome les notaires de l'empereur et ceux des présidents ou des gouverneurs de province; mais on devait aussi recourir à leur ministère pour le règlement des affaires privées et pour dresser acte des conventions.

Reste que les notaires et les tabellions, qui existaient déjà sous les règnes précédents, continuèrent d'exercer leurs fonctions après l'avènement des rois Carlovingiens.

Les ordres que donna Charlemagne pour l'institution des notaires dans ses domaines et dans les terres des évêques, des abbés et des comtes, peuvent être regardés comme l'origine de la division qui se fit plus tard de ces officiers en plusieurs classes. On distinguait les notaires royaux de ceux des seigneurs haut-justiciers et des notaires apostoliques.

Une seconde division fut établie, relativement aux notaires, dont les uns étaient considérés comme secrétaires du prince ou greffiers des magistrats rendant la justice, et les autres comme des fonctionnaires publics, spécialement chargés de la rédaction des contrats.

On n'est pas d'accord sur le caractère particulier des premiers notaires de la race carlovingienne ni sur l'autorité de leurs actes. Etait-ce de simples écrivains? Ne furent-ils de véritables fonctionnaires publics que vers la fin du treizième siècle? Fallait-il jusqu'alors que les actes, pour être exécutoires, fussent consignés dans les registres du magistrat? Ou bien, les notaires étaient-ils regardés, dès le temps de Charlemagne, comme personnes publiques, dans toute l'acception de ce mot?

Ces questions ont divisé les auteurs. Sans pénétrer dans cette controverse qui n'éveille pas un grand intérêt, qu'il suffise de dire, pour concilier les opinions, que les notaires de France étaient, comme les tabellions romains, des officiers publics, reconnus par la loi et préposés à la réception des contrats; mais que les actes des uns et des autres ne participaient au privilége de l'authenticité qu'après leur insinuation dans les registres du magistrat compétent.

On ne trouve nulle part dans les constitutions des

Carlovingiens la preuve d'une innovation qui aurait entraîné la chute de l'ancienne institution des notaires. Tout, au contraire, tend à établir que les tabellions, dont l'idée avait été prise dans la jurisprudence romaine, poursuivirent leur carrière sans obstacle, et qu'ils furent en France, à peu près, ce qu'ils avaient été à Rome et dans les provinces de l'empire. Les noms mêmes de notaires et de tabellions, qui servirent à désigner cette classe d'officiers, portent témoignage de l'identité des coutumes de nos aïeux avec la législation qui leur avait fourni ces dénominations.

Pouvait-il en être autrement, lorsque tout concourait à la propagation du droit romain? Charlemagne en confirma l'autorité dans les provinces qui avaient l'habitude de s'y conformer : il ordonna l'observation du code Théodosien pour lequel la France méridionale avait un penchant si prononcé. On se rappelle, c'est encore un vivant souvenir, qu'avant nos discordes civiles, avant la chute des parlements, le Midi du royaume, fidèle à son culte, s'appelait : *pays de droit écrit*, c'est-à-dire, régi par les lois romaines.

Louis-le-Débonnaire soumit tous les ordres de l'église à l'exécution de ces lois.

Charles-le-Chauve manifesta ses bienveillantes dispositions à cet égard d'une manière formelle.

Sous les règnes suivants, la loi des Lombards était sans puissance dans les contestations entre un Lombard et un habitant des lieux où la jurisprudence romaine était en vigueur.

La loi romaine s'attachait tellement aux personnes,

qu'elle reprenait sous son égide la veuve d'un mari lombard.

Lorsque des esclaves étaient affranchis suivant le droit romain, ils vivaient dès-lors sous sa protection.

Environnés de ces documents historiques, nous devons tenir pour certain que l'institution des notaires se maintint sous les rois français des deux premières dynasties, avec les formes et les caractères qu'elle avait reçus de la législation romaine.

C'est ce que la doctrine a pris soin de signaler, par rapport à l'administration de la justice. « Nos pre-
» miers rois conservèrent à la justice la même orga-
» nisation, les mêmes ministres, le même ordre que
» lui avaient donnés les lois des empereurs romains :
» ils substituèrent seulement le plaid royal au tribunal
» suprême du préfet du prétoire, l'autorité des ducs
» et des comtes à celle des proconsuls et des prési-
» dents [1]. »

Ainsi, le notaire continua de concourir à la formation des contrats, sur la demande des parties intéressées. Les actes émanés de lui étaient présentés au juge, publiés à son audience et consignés dans les registres du greffe. Souvent on s'adressait aux magistrats eux-mêmes, aux comtes et aux évêques, qui exerçaient le droit de juridiction. On rédigeait l'acte sous leurs yeux, en présence de témoins, et on le laissait dans leurs archives. Leur sceau était apposé

---

[1] Merlin, Rép., V° Justice, § 2.

sur le traité qui, de ce moment, était parfait, obligatoire et authentique.

Tout cela venait des Romains, qui avaient créé les bureaux de l'actuaire pour l'insinuation des contrats, et transporté aux magistrats municipaux, aux défenseurs des cités, aux présidents et aux gouverneurs de province, le pouvoir de passer ou recevoir des actes.

La France avait pourtant des usages qui lui étaient propres. Dans des circonstances solennelles, sans recourir aux magistrats ni au bureau de l'actuaire, il suffisait de prendre pour témoins des personnages éminents, dont le caractère et la position sociale offrissent de rassurantes garanties. Lorsque Charlemagne, qui ne savait pas écrire, bien qu'il fût très instruit, voulut faire son testament, l'an 811, il appela onze évêques, neuf abbés et quinze comtes, qui imprimèrent à cette imposante disposition le cachet de la vérité.

Quant à la conservation des traités, on avait l'attention de les écrire sur le même parchemin en autant de colonnes qu'il y avait de parties. Certains caractères étaient tracés entre les colonnes. C'était là qu'on découpait le parchemin, en divisant l'écriture intermédiaire en deux parties, de haut en bas. Chacun des contractants prenait une copie de l'acte. En cas de contestation, les copies étaient adaptées et réunies, et l'on vérifiait alors si des altérations existaient et par qui elles avaient été commises.

Les notaires étaient en possession de la confiance

du monarque et des premiers personnages de l'état : c'était parmi ces fonctionnaires, de mœurs intègres et d'un esprit éclairé, que le roi prenait ses secrétaires pour les grandes affaires du gouvernement et de l'administration générale.

Ils étaient placés sous la surveillance immédiate de l'archi-chancelier, un des grands officiers de la couronne. Dans le portrait qu'un prélat du neuvième siècle fait de l'intérieur du palais, on reconnait les notaires du roi, quoiqu'il ne soient pas nommément désignés. « Le chancelier, y est-il dit, que l'on appelait autre-» fois secrétaire, avait sous lui des hommes prudents, » intelligents et fidèles, qui, bien éloignés d'un sen-» timent de cupidité vénale, transcrivaient les ordon-» nances du roi et gardaient fidèlement le secret [1]. »

Charlemagne avait imprimé un mouvement rapide aux esprits et fécondé toutes les idées d'amélioration, de réforme et de progrès. Il ne fallait que suivre ses traces et marcher dans la carrière ouverte par son génie. C'était la mission léguée à ses successeurs.

Mais, sous les règnes suivants, la France, ébranlée par les désordres de son administration intérieure, et déchirée par les guerres et les invasions étrangères, fut privée du calme et de la sécurité nécessaires à toute nation qui veut polir ses mœurs et perfectionner ses institutions.

---

[1] Hincmar, archevêque de Reims, dans sa cinquième lettre à Louis-le-Bègue. (V. Henrion de Pans., Aut. jud.)

§ 5. — *Des Français sous les premiers rois de la troisième race jusqu'au règne de St Louis.*

DE L'AN 987 A L'AN 1226.

Le code Théodosien et les autres monuments de la jurisprudence romaine, qui formaient le droit civil de la France, notamment dans les provinces méridionales, semblaient avoir disparu vers la fin de la race carlovingienne, au milieu de l'anarchie qui désolait ce pays et des calamités qui accompagnèrent l'invasion des Normands.

Déjà les compilations faites de l'ordre de Justinien et qui régissaient l'empire d'Orient, n'étaient plus en usage, depuis que la langue latine avait été bannie de Constantinople par l'empereur Phocas, vers l'an 600, et depuis que les successeurs de Basile, autre empereur grec, eurent érigé en loi de l'état, au commencement du dixième siècle, l'extrait que leur père avait fait faire de ces compilations.

Ainsi, le corps du droit romain, fruit des veilles et des travaux de tant de célèbres jurisconsultes, ce précieux dépôt que deux empereurs (Théodose et Justinien) avaient créé avec tant de soins, on le croyait perdu sans retour.

Deux cents ans s'écoulèrent dans les luttes opiniâtres soutenues contre les barbares par les populations qui combattaient pour leur territoire et leur indépendance; mais les lois romaines, si long-temps observées dans les états de l'Europe, s'étaient identifiées avec les mœurs et les usages des peuples. Leur génie survécut à la décadence de la grandeur romaine, dans les pays où elles avaient été reçues avec honneur.

Cette réflexion s'applique particulièrement à la France et à l'institution du notariat. Nous avons vu que les habitants du Midi, soumis à la domination des Visigoths, défendirent avec une énergique persévérance l'empire du code Théodosien, objet de leur prédilection; que sous les Mérovingiens des notaires se réunissaient aux principaux magistrats pour l'expédition des affaires, et qu'il en existait auprès du monarque dont ils souscrivaient les diplômes; que les rois de la seconde race avaient donné de l'extension au notariat, en prescrivant à leurs délégués de nommer des notaires dans tous les lieux dépendants du domaine du souverain, aux comtes, aux évêques et aux abbés d'en établir dans leurs juridictions.

Une institution généralement admise dans les usages de la vie civile, et qui tenait aux besoins de la société, serait-elle subitement tombée dans un complet oubli? Les notaires auraient-ils perdu tout-à-coup leur salutaire influence, eux dont on avait si long-temps apprécié les lumières et la droiture? Il serait difficile de faire adopter l'idée d'une pareille révolution. Il est plus vraisemblable que les notaires, toujours utiles et souvent indispensables dans les transactions, continuèrent d'y concourir sous les premiers rois de la race des Capétiens, et que la forme des contrats ne subit aucune notable modification.

Nous lisons dans l'acte de couronnement de Philippe Ier, du mois de juin 1059, des énonciations tirées des usages romains et qui rappellent les formalités que la Novelle 47 de Justinien avait introduites dans la rédaction des conventions notariées. « *Anno* » *incarnationis Dominicæ* 1059, *indictione* 12, » *regnante Henrico rege, anno* 32, *eâdem die com-* » *pleto* 10 *kalend. junii.* »

Les Pandectes se trouvèrent en l'année 1130 dans le pillage d'Amalfi, petite ville d'Italie, où l'empereur Lothaire II avait porté ses armes victorieuses. Ce fut une ère nouvelle pour la jurisprudence : ce fut l'époque de la renaissance des lois romaines. Lothaire, éclairé sur l'importance de cette découverte, voulut que le droit romain devînt la loi générale de son empire.

D'Italie les Pandectes passèrent dans les autres états des princes chrétiens, où elles furent reçues avec empressement.

La France se distingua parmi les nations les plus attachées à l'étude du droit romain. Une traduction fut faite du code Justinien, sous le règne de Louis-le-Jeune, peu de temps après le recouvrement du Digeste. Vers la même époque, ces compilations furent la matière de leçons publiques à Montpellier.

Dès lors durent reparaître en France avec une nouvelle autorité, ou s'y maintenir de plus fort, les usages que la loi romaine avait établis et protégés. Le notariat réveilla l'intérêt qui s'était attaché à sa création : il conserva l'empire qu'il avait exercé jusqu'alors, avec les formes qui lui étaient particulières.

Nous avons pour preuve de cette vérité, indépendamment des considérations générales qui se fondent sur l'histoire du droit romain, d'anciens documents dont quelques-uns ont été récemment publiés. Au commencement du treizième siècle, un notaire, nommé Milon, fut nommé légat *à latere* [1]. On a remarqué parmi les pièces d'un dossier produit par la commune de Marsillargues (Hérault), à l'occasion des différends judiciaires élevés contre elle, un acte notarié de l'an 1204.

Il en existe d'autres d'une date bien plus reculée. Si l'on explorait avec soin tous les dépôts publics et privés qui récèlent des actes notariés, il serait facile de réunir en assez grand nombre des monuments de cette espèce, appartenant au règne des premiers Capétiens.

Sous l'empire des coutumes romaines, les contrats rédigés en grosse par les tabellions, sur la minute ou brouillon des notaires, étaient délivrés aux parties, sans qu'il en restât aucune trace au pouvoir du fonctionnaire qui les avait reçus. L'ordonnance d'Amiens, de 1304, introduisit une forme nouvelle, en exigeant que la substance des contrats fût consignée dans des registres appelés chartulaires ou protocoles; mais ce n'étaient que des énonciations sommaires, qui se conservaient ainsi dans les études des tabellions. Les

---

[1] Hist. de France, t. 4, p. 326.

actes continuaient de passer en la possession des parties intéressées. Encore, les tabellions ne furent-ils pas toujours attentifs à observer la disposition de l'ordonnance qui prescrivait la tenue des protocoles.

On conçoit qu'en de telles circonstances, les actes notariés devaient se trouver le plus souvent dans les mains des particuliers. Aussi voyait-on fréquemment, dans les débats judiciaires, les plaideurs invoquer et produire des actes anciens, qui étaient de véritables originaux, tels que sont maintenant les minutes dressées par les notaires.

C'est pour n'avoir pas réfléchi peut-être à cet état de choses, que des auteurs ont pensé qu'il ne se trouvait plus en France d'actes publics antérieurs à 1270 [1].

L'occasion d'en signaler un du commencement du onzième siècle, s'est présentée dans un procès soutenu par la commune de Montoussé (Hautes-Pyrénées) devant le tribunal de l'arrondissement de Bagnères. Ce sont des coutumes rédigées en acte public par un notaire royal, en l'année 1013. A la place des signatures, on voit certains caractères, des signes particuliers qui prouvent que l'usage de signer au bas des écritures, s'il existait déjà, n'était pas généralement pratiqué.

---

[1] Le père Mabillon, dans sa diplomatique, déclare qu'il n'a trouvé aucun acte passé devant notaire, comme officier public, avant l'an 1270, et qu'il y a tout lieu de présumer que les notaires de Paris furent les premiers établis en titre d'office. (Anc. Rép. de jur., vo notaire).

Il est vrai, d'ailleurs, que, d'après l'opinion commune, ce fut St Louis qui érigea les notaires en titre d'office; mais leurs fonctions étaient connues avant lui : ils les exerçaient depuis Charlemagne, à l'abri de la protection royale. Les conventions par eux attestées devaient participer du caractère de publicité qui s'attachait à leur ministère.

Telle se montra l'institution du notariat sous les premiers rois de la troisième race jusqu'à l'avènement de Louis IX au trône de France.

Au règne de ce monarque s'arrête l'indication des monuments législatifs ou des coutumes dont nous avions à retracer l'histoire, pour remplir le premier titre. Ce sera le point de départ d'une nouvelle période, durant laquelle s'accomplirent de grandes choses en faveur du notariat.

TITRE II.

DU NOTARIAT EN FRANCE, DEPUIS LE RÈGNE DE SAINT LOUIS JUSQU'A NOTRE PREMIÈRE RÉVOLUTION.

DE L'AN 1226 A L'AN 1789.

Cette longue période, remarquable par d'heureux essais et d'utiles réformes, et dans le cours de laquelle le notariat, soutenu par le pouvoir souverain et perdant peu à peu le caractère étranger qui décelait son origine, prit enfin une physionomie nationale, sera divisée en plusieurs époques. Chacune d'elles sera distinguée par un trait particulier, indiquant l'état de l'institution, objet de nos études, ou par le règne de quelques-uns des princes qui s'appliquèrent à la perfectionner.

Suivie dans les travaux historiques, cette méthode sert merveilleusement à graver dans l'esprit les choses intéressantes dont on veut conserver le souvenir.

PREMIÈRE ÉPOQUE.

SAINT LOUIS.

DE L'AN 1226 A L'AN 1285.

La protection accordée par Louis-le-Jeune aux lois romaines et les efforts des jurisconsultes français pour étendre dans le royaume l'autorité de ces lois, ne furent pas perdus. Tout, dans la pratique de la vie civile, et dans les actes émanés de la puissance suprême, portait encore le cachet de Rome. La langue latine était la langue du monarque rendant des édits, celle des savants, des grands dignitaires de la couronne et des fonctionnaires publics. C'est en latin que l'on rédigeait les ordonnances royales, les traités politiques et les contrats des citoyens.

D'un autre côté, les moines, au fond de leurs couvents, employaient les loisirs d'une existence solitaire et laborieuse à sauver des ravages du temps et de l'ignorance, par des copies, les ouvrages de l'antiquité.

On n'aurait guère pu, d'ailleurs, au milieu des guerres et des expéditions qui troublèrent les règnes de Philippe Ier, de Louis VII et de Philippe-Auguste, s'occuper avec fruit de la réformation d'un ordre de choses qui semblait alors offrir assez d'avantages et de garanties.

A ces causes doit se rapporter l'influence que

continuèrent d'exercer les institutions du peuple conquérant des Gaules.

Les tabellions romains s'étaient montrés du temps des Mérovingiens et des rois de la seconde race : ils remplirent encore leur mission dans la personne des notaires du 12me siècle. C'était une succession non interrompue d'officiers exerçant le même ministère, avec les mêmes solennités.

Des notaires, demeurant au palais, étaient, comme anciennement, les secrétaires du prince ; des notaires étaient institués dans les domaines du roi et dans les terres des comtes, des évêques et des abbés, seigneurs haut-justiciers ; des notaires étaient attachés à la juridiction des délégués royaux, assistaient les magistrats et concouraient à l'administration de la justice, soit en préparant l'expédition des procès, soit en écrivant les sentences, soit en délivrant les jugements rendus; des notaires étaient préposés à la réception et à la garde des transactions sociales.

Avant de pénétrer plus profondément dans les monuments historiques et législatifs de la monarchie, il convient de déterminer l'état de la justice et des institutions qui s'y rattachaient : il convient de retracer l'origine et les progrès de deux établissements qui, pendant des siècles, furent liés au sort du notariat. Nous trouverons si souvent dans les lois la mention des notaires du Châtelet et des notaires du parlement, qu'il importe de faire connaître ce Châtelet et ce parlement qui acquirent dans la suite des temps une grande célébrité.

Les fonctions notariales étaient devenues, en quelque sorte, une dépendance de la justice, par l'habitude qu'on avait prise de placer des notaires auprès des principaux magistrats, dont ils étaient les secrétaires ou les greffiers. Ils devaient partager et partagèrent, en effet, le sort de leurs patrons, dans les différentes révolutions que ces derniers éprouvèrent.

Forte et puissante sous les princes des deux premières races, la justice royale fut alors énergiquement défendue. Elle s'administrait sans résistance par les délégués du monarque, et souvent par le monarque lui-même, sauf le droit de juridiction qui appartenait à quelques seigneurs de fief, par suite d'une concession expresse ou d'une longue possession.

Sous les premiers Capétiens, le pouvoir souverain fut attaqué de toutes parts. Les grands vassaux, qui avaient été les compagnons et les égaux de Hugues Capet, profitèrent de l'avantage que leur donna cette circonstance favorable pour tenter toute sorte d'empiétements au préjudice du chef de l'état, et ils réussirent au gré de leurs vœux. Leur puissance s'accrut du droit de dicter des lois dans leurs fiefs, où ils se conduisirent en maîtres [1]. Des officiers nommés par eux rendaient la justice. Dans leur trésor entrait une partie des revenus que produisaient les charges exercées dans leurs seigneuries.

Il ne restait au roi que les terres formant ses

---

[1] Henrion de Pansey, Aut. jud., Introd.

domaines. Là, du moins, ses prérogatives étaient respectées. L'administration de la justice y poursuivait paisiblement son cours, et les offices qui en dépendaient étaient soumis au même régime.

Des rapports existants entre les notaires et les magistrats, et bien plus encore de la nature des fonctions que les premiers exerçaient était sortie la dénomination de juges chartulaires, *judices chartularii*, qu'ils portèrent sous Charlemagne et qu'ils conservèrent depuis. On assimilait un notaire aux magistrats prononçant les sentences, parce que les contrats dont il était le rédacteur formaient entre les parties une loi puissante et immuable, et parce que, choisi par les contractants pour être l'organe et le ministre de leurs volontés, il déclarait avec autorité leurs obligations et leurs droits, à l'instar du juge qui proclamait dans les procès les résultats de la contestation.

De là vint la distinction établie entre ces juridictions. La première, appelée juridiction contentieuse, était le partage des tribunaux institués pour vider les différends des citoyens. C'était l'ouvrage de la loi, à laquelle seule il appartient de régler la compétence des pouvoirs constitués. La seconde fut nommée juridiction volontaire, à cause de la volonté libre et spontanée qui amenait les parties contractantes devant les notaires.

Dans ces temps, où la justice était gratuitement rendue au peuple, les greffes, les notariats et les sceaux, réunis en un seul office, donnaient, seuls, quelques émoluments. Le produit en devait être naturellement attribué à celui qui instituait les officiers. Pasquier, dans ses recherches, rapporte l'origine de ce droit à l'usage que les Romains avaient d'abord adopté de faire dresser les actes par des esclaves. Comme, chez ce peuple, les esclaves étaient dans le domaine du maître qui pouvait en disposer de la manière la plus absolue, ce serait par un motif d'analogie qu'en France les tabellionages auraient été reputés domaniaux dans les terres dépendantes du domaine, et seigneuriaux dans les fiefs des seigneurs ayant droit de juridiction.

On s'accoutuma dès lors à considérer les greffes, les notariats et les sceaux sous ce point de vue général. Les offices étaient domaniaux dans les juridictions royales. Leur produit faisait partie des revenus de la couronne [1]. A Paris, c'était entre les mains du prévôt, demeurant au Châtelet et qui avait tout à la fois l'administration de la police, des finances et de la justice, que les notaires, avant le règne de St Louis, versaient la portion d'émoluments reversible au trésor royal.

A l'époque voisine de la conquête, Jules-César, maître des Gaules, fit construire à Paris une forteresse appelée le Grand Châtelet, qu'il habita. C'est là que se réunissait, tous les ans, le conseil suprême de la province conquise; là que le proconsul faisait sa rési-

---

[1] Loyseau, des Offices, l. 2, ch. 5, 7 et 8.

dence; là que se percevaient les impôts, *tributum Cæsaris.*

Plus tard, un premier magistrat, sous le nom de préfet de la ville, *præfectus urbis*, fut investi des pouvoirs de la haute administration. En 666, il prit le titre de comte de Paris.

Cette éminente dignité, avec les priviléges et les droits territoriaux qui en dépendaient, passa, comme apanage détaché de la couronne, sur la tête de Hugues-le-Grand, et puis d'Oudon, frère de Hugues Capet; mais, au commencement du 11me siècle, le comté fit retour au roi qui le conserva définitivement.

Un prévôt, *præpositus*, rendait la justice sous l'autorité des comtes de Paris. Cette charge fut maintenue après la suppression du comté. Celui qui en était revêtu s'appela le prévôt de Paris.

Le Châtelet fut la demeure des comtes et ensuite des prévôts de Paris. Plusieurs de nos rois y rendirent la justice en personne.

Il communiqua son nom à la juridiction elle-même. Le Châtelet, c'était la justice royale de la capitale [1].

Une autre institution remarquable, dont l'origine est aussi fort ancienne, figure à côté du Châtelet.

Après la soumission des Gaulois, le vainqueur établit des magistrats, pour administrer cette province et pour y rendre la justice. Le préfet du prétoire des Gaules, ayant sous lui trois vicaires, fut chargé

---

[1] Merlin, Rép., vo Châtelet.

de cette haute mission, en ce qui concernait les affaires civiles. Des ducs et des comtes, qualifiés juges militaires, *judices militares*, et sous ce nom exerçant une sorte de magistrature, avaient dans leurs attributions ce qui regardait le maintien de la paix publique.

Avec la puissance romaine disparurent les magistratures qu'elle avait fondées. Clovis remplaça le préfet du prétoire par une assemblée de notables qu'il présidait lui-même. Nommée *Placitum* par les Francs, elle était composée des évêques et des grands de la nation, qui donnaient leurs suffrages, soit qu'il fût question de réglements à faire, ou de contestations à terminer [1].

Sous les rois des deux premières races, le monarque, devant lequel devaient se porter les causes majeures et celles qui intéressaient les personnes les plus élevées de l'état, ou les seigneurs de fief, et les appels des sentences prononcées par les comtes et les évêques, le monarque rendait souvent la justice lui-même. Quelques princes de la dynastie carlovingienne s'acquittèrent de ce devoir avec un zèle qui honore leur mémoire. Ils avaient pour s'éclairer des conseillers choisis parmi les sujets les plus distingués par leurs talents, leurs vertus et leurs dignités.

Ces hommes recommandables, qui formaient le conseil d'état, avaient ainsi une double mission à

---

[1] Merlin, Rép., vo Justice.

remplir, celle de concourir aux actes de l'administration générale du royaume, et celle de rendre la justice.

Attachés à la personne du roi, ils le suivaient dans ses voyages et ses expéditions, pour être toujours à portée de seconder l'action du gouvernement. Par cela même, le corps judiciaire qu'ils représentaient aussi, était, par la nature des choses, exposé à de continuels déplacements.

Cet auguste tribunal, appelé *le plaid du roi*, et plus tard *la cour du roi*, vit étendre successivement ses attributions et son autorité, à mesure que le recours au souverain devenait plus fréquent. Sous les Capétiens, les désordres nés des usurpations commises par les grands vassaux de la couronne, amenèrent, par l'excès du mal, la restauration de la justice royale, à la faveur des chartes de communes, des établissements de bourgeoisie et du régime municipal [1].

Le conseil d'état eut peine alors à suffire à ses nombreux travaux. Il fallut indiquer des époques périodiques, chaque année, pour l'expédition et le jugement des procès.

Ce fut dans ce temps, vers la fin du 12me siècle, que la cour du roi prit le titre de *parlement*.

1226. Tel était l'état du pays, lorsque Louis IX ceignit son front du diadème.

Les embarras qui suivent une régence, les soins que

---

[1] Henrion de Pans., Aut. jud., Introd.

causèrent vers le milieu de ce siècle des expéditions lointaines, des guerres étrangères, n'empêchèrent pas le nouveau roi de s'occuper des affaires intérieures du gouvernement et du bonheur de son peuple. Un grand nombre d'ordonnances, de lettres-patentes, de déclarations, qui marquérent le cours de son règne, font foi de son zèle pour le maintien de l'ordre et des mœurs publiques, pour la gloire et la prospérité de la nation. C'est de lui que nous vient le code célèbre connu sous le titre d'établissements de St Louis.

Quand on a parcouru le tableau, image de la vie de ce roi-législateur, on peut témoigner quelque surprise de ne pas y trouver un seul document relatif à l'institution du notariat, lorsque des choses moins importantes furent l'objet de ses méditations.

Mais une ancienne tradition, accréditée par les historiens de ce monarque et accueillie par la jurisprudence, nous apprend qu'il institua soixante notaires au Châtelet de Paris, pour y recevoir les actes de la juridiction volontaire.

Quel événement effaça les traces de cette disposition? Et pourquoi manquons-nous de garanties historiques pour en montrer l'origine et le titre primitif?

Les tabellions et les notaires fonctionnaient en France depuis plusieurs siècles. Ils y avaient été introduits par les Romains, et ils s'étaient maintenus sous les deux premières races royales.

A son avénement, St Louis les trouva en possession du droit de constater les conventions civiles. Il comprit leur importance et voulut l'augmenter encore. L'acte qui intervint est peut-être un de ceux que l'on cherche vainement dans la législation de ce temps-là, bien que l'on sache qu'ils ont existé. Il se peut aussi que le roi, préoccupé des soins d'une nouvelle croisade, et près de quitter la France, eût remis à des jours plus tranquilles l'organisation des offices qu'il venait d'établir.

Il est d'autant moins permis de douter de l'existence des notaires, à cette époque, et de la considération dont ils jouissaient, que, d'après l'histoire d'un état voisin, qui fait aujourd'hui partie de la France, un notaire fut chargé par Charles Ier, comte de Provence, en 1270, de recevoir l'hommage de plusieurs gentilshommes d'Arles [1].

Ajoutons les preuves acquises dès le siècle précédent, où nous avons signalé des notaires en fonctions et des actes reçus par eux.

Ainsi, doit rester comme bien fondée l'opinion généralement admise, que St Louis porta la réformation au Châtelet de Paris, y plaça un prévôt en titre, érigea soixante notaires pour y recevoir les actes de la juridiction volontaire [2].

L'idée lui en fut inspirée par le besoin de régulariser la perception des revenus publics. Le trésor s'était réservé une portion des émoluments que pro-

---

[1] Chron. de Provence, Lettre E.

[2] Merlin, Rép., vis bis Notaire et Châtelet.

duisait l'expédition des actes notariés. Le recouvrement en était fait par le prévôt, ce haut fonctionnaire qui rendait au nom du prince la justice dans la capitale, et qui était, en outre, chargé de toutes les parties de l'administration.

Pour le débarrasser des comptes qu'il devait rendre, et pour simplifier la marche de la justice qu'il convenait d'affranchir de tous rapports avec les finances, le roi créa des offices de notaires, indépendants, quant aux droits bursaux, de l'autorité prévôtale.

En déterminant de quelle manière et par qui les émoluments des actes notariés seraient perçus, le roi exerçait une autorité légitime. La question se rattachait à l'administration des revenus de la couronne; car le notariat était réputé faire partie du domaine; et, de plus, il imprima un caractère moins incertain aux fonctions des notaires, rédacteurs des conventions. La juridiction volontaire prit des formes plus saillantes; les soixante notaires du Châtelet furent particulièrement institués pour les besoins des habitants de la capitale, dans les transactions qui intervenaient fréquemment entre eux.

Les notaires alors étaient de véritables fonctionnaires, donnant par leur propre attestation la force et le caractère de l'autorité publique aux conventions des citoyens [1].

---

[1] Merlin, Rép., v° Notaire.

C'était une notable amélioration. Sous l'empire du droit romain, les actes des tabellions ne différaient guère des écritures privées. Ils étaient sujets à vérification; et, pour devenir authentiques, ils avaient besoin de l'insinuation dans les registres du magistrat compétent.

Un des priviléges de l'institution notariale était le pouvoir que St Louis avait accordé aux soixante notaires du Châtelet de Paris, de faire la grosse des actes reçus par eux. Ils réunissaient ainsi les fonctions de notaires et de tabellions, ailleurs distinctes et divisées.

Si l'on en croit les historiens de ce prince, ce fut sous son règne que la vénalité des offices tenta de s'introduire en France [1]. Il n'existe aucun monument législatif qui constate l'époque précise d'une pareille innovation. Si Louis IX en fut l'auteur, il donna aussi l'exemple salutaire d'un honorable repentir. Frappé des maux qu'entraînait la vénalité, il s'empressa de la proscrire. « Et saichez que, au temps passé, l'office » de la prévôté de Paris se vendoit au plus offrant, » d'où il advenoit que plusieurs pilleries et malefices » s'en faisoient; et étoit totalement justice corrompue » par faveur d'amis, par dons et promesses. Dont le » commun ne osoit habiter au royaume de France, et » étoit lors presque vague, et souventes fois n'avoit-il » aux pleins de la prévôté de Paris, quand le prévôt

[1] Merlin, Rép., vo Office.

» tenoit ses assises, que dix personnes au plus; pour » les injustices et abandons qui se y faisoient. Pour» tant ne voulut-il plus que la prévôté fût vendue, » ainsi étoit office, qu'il donnoit à quelque grand » saige omme, avec bons gaiges et graces. Et fit » abolir toutes mauvaises coutumes dont le povre » peuple était grevé auparavant [1]. »

Sans rechercher maintenant dans les traditions historiques l'origine de la vénalité, sans approfondir la question de savoir si elle se montra sous les auspices du pieux monarque dont la France révère la mémoire, ou s'il ne fut pas plutôt la réformation des abus, prenons seulement note de ce fait caractéristique, que la vénalité des offices fut, dès sa naissance, marquée du sceau de la réprobation, et souleva contre elle la conscience publique.

Il importe de faire observer, d'un autre côté, afin d'éviter les erreurs que pourrait entraîner la confusion des idées, que la vénalité des offices, quand cette expression n'est accompagnée d'aucune désignation particulière, doit s'entendre des charges de finance et de judicature, notamment de ces dernières. C'est là surtout que se firent sentir les conséquences désastreuses de la mesure si bien peinte par l'histoire et si énergiquement attaquée par les publicistes les plus éclairés. C'est au sujet de ces places, où la capacité, l'expérience et la vertu devraient être les principales

[1] Joinville, Mém. sur la vie de St Louis, t. 2, p. 154.

conditions d'admissibilité, que les écrivains signalèrent avec une liberté digne d'éloges les maux de leur époque. C'est à ces offices qu'il faut rapporter le langage éloquent et sévère des jurisconsultes-philosophes contre les funestes effets de la vénalité.

Quant aux notaires institués par St Louis et dont les offices étaient restés à la disposition du domaine, voici le tableau des devoirs qu'ils avaient à remplir [1].

Ils devaient :

1° Etre assidus dans leurs fonctions ;

2° Ne passer aucun acte que dans le Châtelet, où ils avaient une salle pour leurs bureaux ;

2° Intituler leurs actes du nom de prévôt de Paris, et ne parler d'eux qu'à la troisième personne ;

4° Etre toujours deux pour recevoir et attester un acte, et le porter ensemble au scelleur qui, sur leur témoignage, y apposait sous l'autorité du prévôt le sceau de la juridiction du Châtelet ;

5° Payer au roi les trois quarts des émoluments qu'ils retiraient de chaque acte, et en verser le montant entre les mains du scelleur qui, à son tour, en faisait remise au receveur du domaine.

On avait pensé que c'était au temps de Louis IX que remontaient les plus anciens actes notariés qui nous aient été transmis. C'est une erreur que nous

---

[1] Merlin, Rép., v° Notaire.

avons combattue ailleurs et démontrée, en citant des actes antérieurs au règne de ce prince.

Le ministère des tabellions avait fait de sensibles progrès, grâce à la protection éclairée du grand et pieux monarque qui occupe une place élevée dans notre histoire. Si l'on ne peut lui faire honneur de l'organisation du notariat, il donna, du moins, l'exemple, laissant à ses successeurs le soin de perfectionner son œuvre. Cette gloire était réservée à son petit-fils.

Un règne presque inaperçu, sous le rapport de la politique et de la législation, remplit l'intervalle qui sépare St Louis de Philippe-le-Bel.

Philippe III était sur la plage africaine, où son 1270.
père venait d'expirer, lorsqu'il fut appelé au trône de France.

Rentré dans sa patrie, il porta quinze ans le sceptre dans les loisirs d'une paix que troublèrent à peine de faibles rebellions à l'intérieur, et à l'étranger une guerre de courte durée.

Il laissa les notaires et les tabellions dans l'état où il les avait trouvés.

DEUXIÈME ÉPOQUE.

PHILIPPE-LE-BEL. — ORGANISATION DU NOTARIAT.

DE L'AN 1285 A L'AN 1515.

Jusques-là les tabellions et les notaires, conservant les attributs de leur institution primitive, avaient poursuivi le cours de leurs travaux, en remplissant les conditions et les devoirs qui distinguaient les actes de leurs devanciers. A l'exception des changements introduits par St Louis, cet ordre d'officiers civils et judiciaires avait éprouvé de légères modifications.

C'étaient toujours des notaires qui minutaient un projet de convention ou de traité, des tabellions qui rédigeaient les contrats, les mettaient au net et les délivraient en grosse aux parties; c'étaient des notaires que le souverain avait auprès de lui, sous le titre de secrétaires: d'autres étaient attachés aux seigneurs ayant juridiction et aux magistrats rendant la justice.

On était entré dans la voie des améliorations et des progrés. Le succès avait couronné d'heureuses tentatives. La France, éclairée par de premiers essais, attendait l'apparition d'un roi qui, marchant d'un pas sûr dans la carrière ouverte, et tenant d'une main ferme les rênes de l'état, vînt achever l'œuvre de la régénération.

Philippe-le-Bel, jeune encore, annonça le monarque qui devait compléter les institutions de son aïeul, sur le notariat.

L'administration de la justice fut l'objet particulier de sa sollicitude. On a pourtant dit de lui, comme de St Louis, qu'il favorisa la vénalité des offices, et, de plus, qu'il pratiqua ouvertement cette manière de se procurer de l'argent [1], accusation qui ne paraît point sans vraisemblance, si l'on songe aux dépenses et au luxe effréné de ce règne.

Le parlement, qui n'était qu'un démembrement du conseil d'état, temporaire et sans demeure fixe, reçut un caractère de permanence et de considération qui lui manquait. En le rendant sédentaire, le roi lui assigna son propre palais pour la tenue des audiences.

Au milieu des soins que réclamaient la politique et la prospérité du royaume, les notaires, dont les fonctions se liaient à l'expédition des affaires et à l'administration de la justice, ne furent pas oubliés.

L'esprit d'envahissement et d'usurpation qui animait les grands vassaux de la couronne, sous les premiers princes de la troisième race, avait exercé sa funeste influence sur les prérogatives de la puissance royale. L'administration de la justice, qui ne devrait jamais cesser d'être dans le domaine de la souveraineté, en fut souvent distraite, dans les temps de désordre et d'anarchie. Telle fut aussi la destinée du notariat. Intimement uni au pouvoir judiciaire, il

---

[1] Merlin, Rép., V° Office.

subit les conséquences des révolutions que celui-ci avait éprouvées. De loin en loin la sollicitude du gouvernement se réveillait, et l'on s'efforçait de ressaisir une autorité contestée. C'étaient d'utiles protestations, avant-coureurs de la politique énergique qui devait finir par triompher.

Le principe reçut une haute consécration, au sujet du notariat. Le droit de nommer les tabellions fut
1291. revendiqué par le monarque. Une ordonnance proclama que leur institution n'appartenait qu'au roi.

Toutefois, voulant respecter ce que le temps semblait avoir sanctionné, des lettres-patentes avaient annoncé déjà que les seigneurs haut-justiciers continueraient d'user de la faculté qu'ils avaient acquise par concession formelle ou par une longue jouissance, de créer des notaires dans leurs fiefs ou seigneuries.

Le nombre des tabellions, au Châtelet de Paris, s'était accru d'une manière excessive, ce qui nuisait beaucoup à l'intérêt public. Ils furent réduits à soixante, ainsi que du temps de St Louis.

Vivant isolés et sans lien de communauté, ils furent encouragés par la protection royale à se for-
1300. mer en confrérie : ils présentèrent des statuts qui n'étaient probablement que la reproduction de ceux dressés dans le siècle précédent, que Philippe-le-Bel approuva par lettres-patentes, et que les notaires de Paris conservent religieusement dans les archives de l'ordre, comme un monument précieux de son antiquité.

Ces statuts, plusieurs fois confirmés par nos rois en

termes honorables et bienveillants, renferment un hommage solennel à la divinité, aux pratiques du culte chrétien, aux sentiments généreux qui doivent animer des hommes parcourant la même carrière. On remarque avec intérêt l'attention qu'une touchante prévoyance apportait à garantir les notaires en retraite des rudes atteintes du besoin : une bourse commune devait se former des offrandes de chacun des confrères, pour secourir ceux qui, ayant cessé leurs fonctions, seraient en proie à la détresse.

Après avoir promulgué quelques dispositions qui 1302.
servaient comme d'introduction à l'ouvrage qu'il
méditait, le législateur, assis sur le trône de France, 1303.
voulut doter le pays d'une institution nouvelle. A sa pensée se révélèrent l'avenir du notariat, son influence et ses bienfaits. Il sentit combien était grande la mission qu'il allait remplir.

Des réflexions que lui fit faire ce grave sujet naquit
la célèbre ordonnance d'Amiens, du mois de juillet 1304.
1304, concernant les notaires et les tabellions. C'est le document le plus ancien, c'est le premier règlement organique en cette matière.

Il a une si haute portée, qu'il convient d'en retracer et les vues principales et jusqu'aux moindres détails.

Dans les habitudes du peuple romain, les conventions civiles étaient exposées à toutes les chances de disparition et de perte que peuvent courir les écritures privées. Lorsque le tabellion avait mis au net le projet de contrat sorti des mains du notaire, et qu'il en avait délivré la grosse aux parties, son ministère était accompli. C'était aux contractants de veiller eux-mêmes à la conservation de leurs traités. Que d'inconvénients et de dangers dans un pareil état de choses !

L'ordonnance de 1304 y porta remède, en imposant aux notaires et tabellions le soin de tenir note des actes, de les inscrire dans leurs chartulaires, d'en former un dépôt dont ils auraient la garde et la responsabilité. Par ce moyen, on était assuré, quelque événement qui survînt chez les particuliers, de retrouver les clauses et la teneur des contrats passés devant les tabellions.

Avant le règne de Philippe-le-Bel, les notaires et les tabellions étaient divisés en deux classes différentes. Les uns écrivaient le brouillon de l'acte; les autres le rédigeaient en forme légale et en délivraient les grosses. Par un privilège spécial, émané de St Louis, les notaires de Paris étaient seuls exceptés de la règle commune.

L'ordonnance soumise à notre examen semble avoir voulu effacer toute distinction entre des officiers qui, concourant au même but, devaient être revêtus d'un égal pouvoir. On voit dans cette loi que les titres de notaire et de tabellion sont pris indifféremment l'un pour l'autre, comme représentant une idée unique, un seul objet.

L'uniformité qui devait s'introduire dans la pratique fut néanmoins mal observée, tant il est difficile de déraciner de vieilles coutumes ! Il fallut, plus tard, des ordres exprès et formels. Encore trouva-t-on le moyen de s'y soustraire en quelques endroits.

Ce n'était pas assez de prescrire aux notaires la garde de leurs protocoles; il était important de leur tracer des règles de conduite, de signaler avec précision la marche qu'ils auraient à suivre. La loi nouvelle, éminemment morale dans ses motifs et ses résultats, se proposa d'atteindre ce but. Elle ordonna que les parties fussent entendues devant les tabellions; que l'on s'étudiât à bien saisir leurs intentions et à les exprimer avec fidélité; qu'aucune clause obscure, inintelligible, ne fût insérée dans leurs conventions; que leur consentement ne dérivât ni de la crainte ni de la violence; que l'usure fût bannie des contrats; qu'il n'en fût passé que d'honnêtes et de licites; que les termes de droit, peu familiers aux parties, leur fussent expliqués pour éviter la surprise et l'erreur; qu'aucun soupçon ne rendît les actes suspects, à raison des heures et des lieux où ils seraient faits; qu'enfin les notaires, pour offrir à la société de rassurantes garanties, fussent des hommes habiles et de probité.

De tout temps, l'abus qu'on peut faire des secondes grosses a frappé les législateurs. L'ordonnance de 1304 enjoignit aux notaires de n'en délivrer qu'une à chaque partie, à moins qu'il n'y eût convention expresse du contraire, ou quelqu'autre cause légitime, et il fallait être autorisé par le juge. Elle voulait qu'après la délivrance du titre exécutoire, le brouillon de l'acte fût bâtonné, ou que le notaire écrivît au bas que la grosse avait été délivrée.

La sagesse de ces mesures a été mise à profit par les législateurs modernes.

Les notaires avaient un double mandat à remplir, tantôt employés à la rédaction des contrats, et tantôt à l'expédition des affaires contentieuses.

Les dispositions de détail, celles relatives à la forme des actes, ne furent pas négligées : elles devaient contribuer au complément de la loi, ainsi qu'à la perfection des contrats : les notaires, dit l'ordonnance, écriront nettement les minutes et sans abréviations : ils laisseront un certain espace à la marge. Il n'y aura point de blanc que l'on puisse remplir après coup par des clauses additionnelles. Les actes porteront la date du jour, du mois et de l'an, et la mention du lieu, ainsi que les noms du roi, des témoins, du tabellion et des contractants. Les notaires ne recevront aucun acte qu'ils n'en aient été publiquement requis. Leurs signatures seront enregistrées dans les cours royales : ils se contenteront d'un salaire modéré, qui sera réglé par le président. Les grosses pourront être faites, à leurs périls et risques, par leurs substituts.

Enfin, le législateur manifesta sa pensée sur la résidence des notaires et leur circonscription territoriale. Il exigea qu'ils demeurassent aux lieux qui leur seraient indiqués pour y exercer leurs offices [1].

Telle est dans son ensemble cette ancienne ordon-

---

[1] Cette règle de compétence fut dans la suite déterminée d'une manière précise. Les notaires royaux, composant les communautés de notaires, dans les villes où il y avait un bailli ou un sénéchal, pouvaient instrumenter dans toute l'étendue du bailliage ou de la sénéchaussée. Les notaires royaux des prévôtés, des mairies et des

nance, qui tira du chaos une institution, objet de la reconnaissance et de l'estime publique.

Pour prévenir toute incertitude sur ses intentions, quant aux qualités dont il voulait que les notaires fussent doués, le roi défendit expressément d'en re- 1312.
cevoir aucun qui ne fît preuve de bonnes mœurs et de capacité. Leur nomination était à ce prix. Le mandement portait d'ailleurs que, pour être admis à exercer dans une sénéchaussée, il fallait y être né, ou y avoir fait une longue résidence. Il était facile alors de s'assurer de leur conduite et de leurs talents.

La dernière disposition de ce document législatif imposait aux notaires la nécessité d'un cautionnement. Voilà l'origine de cette mesure devenue importante dans la législation des officiers ministériels, et qui a été présentée, tantôt comme une garantie précieuse dans l'intérêt public, tantôt comme une exigence du fisc, pour augmenter les ressources du trésor royal.

Après avoir organisé le notariat, Philippe-le-Bel n'abandonna point son ouvrage aux caprices du temps et des hommes. Il suivait d'un œil sévère les tabellions dans l'exercice de leur ministère. Frappé de leurs

---

châtellenies royales, ne devaient pas franchir les limites de la juridiction du prévôt, du maire ou du châtelain.

Les notaires du Châtelet de Paris, ceux d'Orléans et de Montpellier étaient affranchis de toute entrave à ce sujet : ils avaient le droit d'instrumenter dans tout le royaume. (Ferrière, Science parf. des notaires). Nous verrons bientôt, au surplus, ce qui concernait les notaires seigneuriaux et apostoliques.

1313. désordres, il les comprit dans les mesures de réformation qu'il ordonna contre les officiers du Châtelet.

Quatre ans auparavant, il s'était entouré de nouvelles lumières, en fixant auprès de lui trois secrétaires ayant sous eux vingt-sept notaires.

Les actes de Philippe-le-Bel nous rappellent un usage emprunté de la législation romaine et qui passa dans la jurisprudence française, mais avec des caractères particuliers qu'il est à propos de faire remarquer.

Plusieurs textes du code Justinien et des Pandectes établissent que les Romains avaient imaginé de chercher dans la religion du serment un moyen d'assurer l'accomplissement de leurs volontés dernières ou de leurs conventions. C'était moins, en général, une imposante solennité, ayant pour mission de protéger les contrats, purs de toute illégalité, qu'une inquiète prévoyance sur le sort d'actes peu respectables et dont l'avenir eût été environné de dangers.

L'origine du serment parmi nous eut quelque chose de plus honorable. En l'admettant dans leurs contrats, les Français le dépouillèrent de tout ce qu'il avait d'illégitime. Il n'ajoutait rien à la force des traités; il n'en couvrait pas les vices. La conscience seule était soumise aux devoirs qu'il imposait. Son langage était une protestation d'honneur et de loyauté, et sa présence dans les conventions une garantie pour la paix des familles. A ces titres, il devait obtenir en France les faveurs du pouvoir législatif.

On comprend maintenant pourquoi le petit-fils de St Louis recommandait aux sénéchaux du Languedoc de maintenir les coutumes locales, relatives à l'intervention du serment dans les contrats.

Dans la suite, le clergé gallican voulut s'en faire un instrument de puissance et de domination. Sous prétexte que le serment était un acte religieux, et que sa violation ne pouvait être punie que par l'autorité sacerdotale, seule compétente dans les matières de religion, le serment et la juridiction ecclésiastique acquirent une grande extension. Le premier figurait dans presque tous les actes, grace à l'appui que les notaires prêtaient aux gens d'église, et ceux-ci revendiquaient avec succès la connaissance de tous les débats élevés sur l'exécution des transactions civiles.

L'énergie de la magistrature et le bon sens de la nation firent justice de cet abus. Le serment ne fut pas aussi fréquent dans les actes, et finit par disparaître tout-à-fait : l'usage en subsistait encore vers le milieu du siècle dernier [1] ; mais il était réduit à son véritable caractère, tel qu'il doit se montrer dans les affaires purement civiles, tel qu'il était du temps de Philippe-le-Bel.

Nous terminerons l'examen de ce règne par la revue des différentes classes de notaires qui existaient alors.

---

[1] Pothier, des Oblig., part. 1re, ch. 1, art. 8.

La première division se faisait en notaires royaux, notaires seigneuriaux et notaires apostoliques.

Les notaires royaux étaient des officiers institués par le monarque dans les justices royales, pour recevoir les actes et conventions entre toutes personnes, de quelle qualité qu'elles fussent, et en quelque lieu qu'elles eussent leur domicile. Les actes devaient être passés dans le ressort de la juridiction royale où le notaire était immatriculé.

Les notaires seigneuriaux tenaient leur pouvoir des seigneurs haut-justiciers : ils recevaient tous actes dans l'étendue de la juridiction seigneuriale où ils étaient établis, et seulement entre les personnes qui y demeuraient. Leur institution n'était pas inhérente à la seigneurie : elle devait avoir pour base l'autorisation expresse ou tacite du souverain.

Les notaires apostoliques étaient ceux qui avaient reçu du pape ou des évêques mission de passer tous actes concernant les matières spirituelles et canoniques, et ensuite les bénéfices.

La création des deux premiers ordres de notaires remonte aux Carlovingiens. Des capitulaires enjoignirent aux délégués du prince de créer des notaires dans tous ses domaines, c'est-à-dire, dans les juridictions royales, et aux comtes, aux évêques et aux abbés d'avoir des notaires dans les terres qui leur étaient soumises.

Pour les notaires apostoliques, les plus anciens furent ceux, au nombre de sept, nommés *regionarii*, ou *scriniarii*, que St Clément établit à Rome pour écrire les actes des martyrs, pour annoncer au peuple les litanies, processions et rogations, le lieu où le pape allait dire la messe, ou faire quelque station, et pour rapporter au pontife les noms et le nombre de ceux qui étaient baptisés.

Ce ne fut pas seulement dans les terres du pape que les notaires apostoliques exercèrent leurs fonctions. Ils en usaient de même en France, en Angleterre et en Espagne. Quelques-uns étaient en même temps notaires impériaux et royaux. Les évêques en nommèrent aussi dans leurs diocèses. Tirant parti de leur instruction et de l'ignorance qui régnait autour d'eux, les notaires ecclésiastiques usurpaient assez souvent le pouvoir d'instrumenter dans les affaires temporelles; mais l'autorité civile réprimait leurs empiètements.

La seconde distinction à remarquer entre les notaires se fondait sur la nature particulière de leurs fonctions respectives.

Les uns, établis dans le palais du roi, prenaient le titre de secrétaires. Ce mot indique les devoirs qu'ils avaient à remplir. Ils secondaient par leur concours l'administration générale de l'état : ils préparaient et expédiaient les actes de la chancellerie. Leur importance s'étant accrue avec les services qu'ils rendaient et le besoin qu'on avait de leur expérience, ils obtinrent un rang honorable dans les conseils du prince, et furent plus tard le type des secrétaires d'état.

D'autres étaient placés au parlement où ils servaient à l'instruction des procès. Ils figuraient dans les enquêtes, assistaient à l'audition des témoins : ils écrivaient les sentences et en délivraient des expéditions. Dans l'origine, lorsque la cour du roi était formée d'une partie du conseil d'état, avant qu'elle eût été déclarée sédentaire et indépendante, les notaires employés à l'expédition des affaires litigieuses étaient ceux-là même qui exerçaient leur office au palais, comme secrétaires du monarque, et qui prenaient part aux travaux du conseil d'état. Depuis la permanence et la fixité du parlement, quelques-uns d'entre eux, qui en faisaient déjà partie, y furent définitivement installés.

A l'exemple de ce qui se pratiquait à la cour et dans la capitale du royaume, les notaires que les comtes et les évêques eurent mandat d'établir dans leurs terres, furent sans doute aussi les secrétaires du seigneur ou du prélat qui les avait nommés, et les greffiers du juge de la seigneurie, en même temps qu'ils constataient, sur la réquisition des parties, leurs conventions et leurs traités.

Enfin, les notaires, proprement dits, dans le sens que nous attachons aujourd'hui à cette dénomination, étaient les officiers du Châtelet, institués par St Louis pour recevoir les actes de la juridiction volontaire, et ensuite ceux qui, sur ce modéle, furent créés dans les autres villes de France, dans les juridictions royales, ecclésiastiques et seigneuriales, avec mission de consacrer par leur attestation les accords dont ils devaient être les ministres.

Après ces détails, nécessaires à l'intelligence des

anciens monuments législatifs de la monarchie, nous pouvons reprendre la suite de nos observations.

On voit par les rapprochements que nous avons faits, surtout par les dispositions de l'ordonnance de 1304, que l'institution du notariat fut laissée par Philippe-le-Bel dans un état digne d'intérêt et de considération.

Ce prince eut pour successeur Louis X, dit le Hutin, son fils, dont le gouvernement se lie aux premières notions législatives qui nous soient parvenues sur la vénalité des offices. 1314.

Le désordre introduit dans les finances, sous le règne précédent, avait épuisé les ressources du trésor public. Poussé à la guerre par la conduite des Flamands, il ne serait pas surprenant que le jeune monarque eût suivi l'exemple de ses prédécesseurs, et, comme eux, déclaré vénales quelques charges de judicature.

Cet expédient n'était pas nouveau. Il résulte des doléances adressées à Louis-le-Hutin et de l'ordonnance qu'il rendit à ce sujet, que la vente des vigueries, des bailliages, des notairies et autres offices, continuait d'exciter des plaintes amères, de fréquentes réclamations. Le roi chargea des commissaires de s'informer des griefs allégués, et promit de se prononcer ensuite selon les circonstances.

Le notariat fut associé au sort des places judiciaires, et mêlé avec elles dans les remontrances publiques et les promesses de réformation.

1315. Plus tard, cette communauté d'intérêts fut consacrée par un mandement, qui déclara que, dans la Champagne et la Brie, les prévôtés, les notairies et autres offices de judicature seraient mis en ferme, à la charge que les pourvus *seraient suffisants*. Vaine prudence! Impuissante précaution! On n'ignore pas comment s'interprètent et s'exécutent les lois qui tiennent aux intérêts du fisc. Le plus capable et le plus digne n'est-il pas presque toujours celui qui offre le plus d'argent à l'administrateur du trésor?

On eut soin de distinguer dans la suite les tabellionages et autres offices domaniaux des charges de finances et de judicature. Les premiers restèrent sans contradiction à la libre disposition du souverain, tandis que sur les autres la vénalité fut l'objet des plaintes continuelles et des remontrances de la nation.

Les tabellions furent d'ailleurs maintenus dans l'exercice de leurs fonctions.

Injonction leur fut faite de se contenter d'honoraires modérés et de ne point commettre d'exactions; mais ils avaient à s'indemniser des sacrifices que leur coûtait le droit d'exploiter leurs offices, et ils devaient mettre le temps à profit, au cas où ils vinssent à être supplantés par un heureux concurrent, à l'occasion d'un nouveau bail à ferme.

Sous le règne suivant, l'organisation du notariat 1316.
était trop récente pour être sitôt soumise à révision. Il fallait attendre les leçons de l'expérience, et que le temps vînt signaler les améliorations à opérer.

Philippe V n'interposa guère son autorité que pour maintenir et faire respecter l'ordre de choses établi.

Il fit défense aux notaires du Châtelet, dont il 1317.
confirma les statuts, de laisser rédiger les actes par leurs clercs au préjudice de leurs confrères. Son intention était de détruire l'inégalité qui résultait du peu de travail des uns et de la nombreuse clientelle des autres, de ramener ces officiers à l'esprit de générosité qui doit être un des principaux traits de leur caractère, d'extirper un abus qui pouvait compromettre la fortune des citoyens. Les notaires les plus occupés, ne pouvant suffire à tout, des clercs recevaient les actes et même les signaient au nom de leurs patrons, quelquefois en l'absence de ceux-ci, et hors de leurs bureaux. Tandis que d'honnêtes tabellions languissaient dans l'inaction et le besoin, d'autres embrassaient une série de travaux au-dessus de leurs forces. L'inhabileté, la mauvaise conduite des clercs exposaient les parties à tous les dangers de l'erreur ou de la malversation.

Il fut interdit aux notaires des cours, en matière criminelle, de se livrer à aucun interrogatoire de témoins, si le juge n'était pas présent.

La vénalité des offices avait été érigée en loi. Une 1318.
ordonnance régla la forme des adjudications, en introduisant le mode des enchères publiques, qui

ouvrait la porte aux déplorables combinaisons de l'intrigue et de la cupidité.

1319. Les greffes et les tabellionages furent déclarés faire partie du domaine royal, par une disposition expresse et formelle.

Une autre ordonnance, de la même époque, établit la formalité du sceau pour les contrats et les sentences.

L'institution royale des notaires avait été proclamée, sauf les droits acquis à quelques seigneurs. Cette exception fut répétée en faveur de la province d'Auvergne.

1320. Des règlements furent faits pour les notaires-secrétaires du roi ou du conseil, touchant les expéditions et la délivrance des lettres de chancellerie, le droit de sceau, le compte à rendre des émoluments. Il en fut fait aussi pour les notaires attachés au parlement. Leurs devoirs furent tracés avec précision, dans le concours qu'ils devaient prêter à la justice, par leurs écritures et la préparation des actes d'instruction.

Les notaires du Châtelet furent l'objet de flatteuses distinctions, à cause de leur loyauté dans la tenue de
1320. leurs offices. On les affranchit d'une partie des droits du sceau. Adjoints aux juges enquêteurs, ils reçurent le pouvoir de procéder seuls à l'audition des témoins, sur la délégation du prévôt ou l'autorisation des parties. Leur considération s'agrandit, lorsque l'art. 6 de l'ordonnance de février 1320 eut déclaré : *l'on ne fera rien audit Châtelet qui ne soit passé ou signé par les mains desdits notaires.*

Du reste, vers ce temps-là, un projet de règlement recommandait aux notaires d'être exacts à faire célébrer la messe de leur confrérie dans la chapelle du Châtelet, pour attirer sur ce lieu plus de respect et de vénération, et afin que le prévôt, dont la demeure y était établie, fût à portée de voir ces officiers réunis, de connaître leurs mœurs et le sujet de leurs entretiens.

Les notaires du Châtelet avaient perdu de vue le 1321.
noble but de leur institution. Il paraît qu'un germe de démoralisation générale avait pénétré parmi tous les officiers de justice. On peut l'induire des mandements que Charles IV, successeur de Philippe V, adressa au prévôt de Paris et à deux conseillers, pour informer des désordres et aviser au moyen de corriger les abus.

C'est l'unique monument que ce règne, sans éclat sous le rapport politique, nous ait laissé sur les notaires et les tabellions.

Le trône fut occupé par Philippe VI, dit de Valois. 1327.
Les commissaires délégués sous le règne précédent, ayant fait leur rapport et présenté un plan de réforme, Philippe le convertit en loi, qui embrassa tous les officiers du Châtelet, parmi lesquels étaient compris les notaires.

Interdiction leur fut faite de vendre ou d'affermer leurs offices, sous peine de destitution. Pour prix de leurs travaux, ils furent autorisés à prendre des honoraires modérés.

D'après une coutume ancienne, les notaires-secrétaires du roi avaient un traitement qui se composait en partie de robes et de manteaux. Des lettres-patentes de Philippe VI se rapportent à cet objet. On trouve dans la haute antiquité que des présents de cette nature se faisaient aux personnes à qui l'on voulait témoigner de l'estime, de la reconnaissance ou de la considération.

Plus tard, il fut déclaré par une ordonnance du Grand Conseil que les notaires-secrétaires du roi, avant d'entrer en fonctions et de toucher leurs émoluments, seraient soumis à un examen de capacité. Il fallait qu'ils fussent en état de rédiger des lettres de chancellerie, tant en latin qu'en français.

1350. La couronne échut par droit d'hérédité à Jean, fils de Philippe de Valois.

Son règne fut marqué par les plus grandes calamités.

On serait peu surpris qu'au milieu des graves préoccupations d'un peuple qu'environnaient toutes sortes d'embarras et de périls, la pensée, distraite des soins ordinaires du gouvernement, se fût exclusivement portée sur les scènes de désordre et d'anarchie que chaque jour voyait éclore.

Et cependant une foule de pièces tirées des archives nationales, attestent que l'administration générale et la législation ne furent pas abandonnées.

Cette vérité a pour garants beaucoup d'actes de cette époque, et, quant au notariat en particulier, plusieurs dispositions que nous allons retracer.

Le traité de Brétigny était conclu : un lourd fardeau pesait sur la France, que le pillage des gens de guerre avait dévastée, et que les impôts accablaient. Dans la pénurie du trésor et pour rétablir les finances, on avait d'abord songé à mettre en vigueur la mesure déconsidérée de l'afferme des offices, qui fut, en effet, décrétée de nouveau ; mais comme on ne pouvait faire dis- 1357.
paraître les inconvénients qui en étaient inséparables,
force fut de la proscrire encore. Le roi déclara que 1360.
les prévôtés, les tabellionages et les clergeries (greffes) ne seraient pas baillés à ferme, mais confiés à des personnes capables.

Sur les observations des états du Languedoc, les notaires avaient été soumis au subside accordé pour la rançon du roi, prisonnier en Angleterre, mais à concurrence de leurs biens seulement ; leurs offices en étaient affranchis.

Le nombre des notaires-secrétaires du roi et des conseils reçut des limites déterminées. On prohiba toute perception illégale d'honoraires.

La célébration du dimanche devint un précepte 1363.
légal pour les notaires du Châtelet, sur leur propre

requête : une amende fut établie contre ceux qui ne s'y conformeraient pas.

1364. Quelques règlements en petit nombre, et la plupart sans intérêt, concernant le notariat, appartiennent au règne de Charles V, dit le Sage.

Les notaires qui concouraient à l'expédition des affaires, au parlement, furent mentionnés dans l'ordonnance relative à cet objet.

Les consuls de Cahors reçurent le pouvoir d'instituer des notaires et de les remplacer en cas de vacance.

1370. Des lettres-patentes, dont l'exécution aurait eu une grande importance, attribuèrent au domaine les registres des notaires décédés. Il fut ordonné qu'après leur mort, leurs protocoles seraient remis au roi, qui percevrait l'émolument des expéditions, sauf la portion réservée aux héritiers.

Mais cette disposition demeura sans effet, par les difficultés qu'offrait son application. Si l'on s'était conformé à son esprit, le gouvernement aurait pu former à la longue des dépôts généraux où il aurait réuni toutes les minutes des anciens notaires, gigantesque projet, reproduit devant les législateurs de 1791, et qui fut de nouveau abandonné.

Les notaires-secrétaires du roi obtinrent une chambre au palais, pour y vaquer à leurs fonctions.

Un tabellion, autorisé à recevoir les contrats et à passer toutes lettres des personnes qui voudraient s'obliger, fut établi au bailliage de Touraine, d'Anjou et du Maine.

Dans une ordonnance sur les finances et la comptabilité, on trouve des notaires du roi délégués pour certifier la vérification des lettres de dons et gratifications.

Les droits des notaires furent modérément taxés pour les actes d'obligation au sujet de l'impôt des aides.

Sous le règne de Charles VI, on dut sérieusement 1380.
songer à réduire le budjet des dépenses qui grevaient le trésor public.

Pour atteindre ce but, on éloigna cette foule impor- 1386.
tune et avide qui s'attachait au pouvoir, afin d'en obtenir des dons, des grâces, des immunités et des priviléges ; conseillers d'état, maîtres des requêtes, chambellans, secrétaires, notaires, maîtres d'hôtel, pannetiers, échansons, lingers, valets tranchants, huissiers et sergents d'armes, valets de chambre et autres officiers honoraires : on supprima les faveurs attachées à leurs titres.

Le concours des notaires du Châtelet pouvait faciliter le recouvrement des deniers royaux. Des lettres du prince leur firent un devoir de remettre au receveur compétent l'état des ventes et transports passés devant eux et donnant ouverture aux droits.

A l'instar de ce qu'on avait pratiqué pour les grands corps de judicature, des notaires furent placés à la cour des aides, et ils recevaient des gants, des chapeaux, des écritoires et des couteaux, tels qu'on en donnait aux membres de la cour des comptes.

1406. L'augmentation survenue parmi les notaires-secrétaires du roi était onéreuse pour la chose publique. Cet inconvénient n'était point compensé par les services qu'ils rendaient. Leur nombre fut réduit à soixante.

Les produits du sceau étaient entre les officiers qui devaient en profiter une cause de difficultés; et d'autre part, les baillis et les sénéchaux multipliaient outre mesure les actes d'instruction dans les procès, pour grossir le chiffre de leurs émoluments. Voulant tarir la source de ces abus, on ordonna que les droits du sceau, en matière criminelle, seraient partagés entre tous les notaires lais du roi, et que les sceaux de tabellionage et les écritures, dans les sénéchaussées et les bailliages, seraient mis à ferme au profit du monarque.

1407. Les minutes que le domaine avait tenté d'attirer à lui, pour en disposer souverainement, furent déclarées faire partie du patrimoine des familles, sage disposition qui respectait tout à la fois les convenances, l'utilité publique et le principe du droit de propriété.

Deux ans après, pareille ordonnance portant que les protocoles des notaires appartiendraient à leurs représentants, dans l'ordre des successions légitimes ou testamentaires.

1409. Un règlement, fait pour la province du Dauphiné, détermina les devoirs des notaires qui concouraient, sous le titre de secrétaires, à l'administration de la justice. Un serment leur fut imposé : ils juraient d'être sujets loyaux et fidèles, et de remplir leurs fonctions avec exactitude et probité.

Les notaires du Châtelet de Paris reçurent une 1411.
marque éclatante de protection, lorsqu'ils furent placés sous la garde et la juridiction du prévôt, pour toutes leurs affaires.

Cela n'empêcha point les plaintes de se renouveler, à raison des abus qui se glissaient dans l'administration de la justice et parmi les officiers royaux. Des mesures furent prises pour y remédier : une commission fut chargée de s'enquérir des exactions, avec pouvoir de punir à discrétion les notaires et autres, et de modérer le tarif des frais.

A suite d'une assemblée de notables qui avaient été convoqués à Paris, pour réparer les maux causés
par les discordes civiles, une ordonnance intervint sur 1415.
la police générale du royaume. On s'était plaint des salaires exagérés perçus par les notaires. Ces officiers furent ramenés aux anciens tarifs. Défenses leur furent faites de donner à leurs écritures une extension inutile et dispendieuse, de céder leurs offices, de s'absenter de la chancellerie où leur présence était nécessaire pour l'expédition des lettres et l'apposition du sceau. On les soumit à justifier d'une capacité suffisante pour conserver leurs emplois.

Les notaires apostoliques, dont la compétence était restreinte et bornée, n'avaient pas respecté les limites
de leurs attributions. Une sentence du prévôt de Paris 1421.

les y fit rentrer. Il leur fut interdit de procéder à aucun inventaire, à aucune prisée de biens.

Après ces actes législatifs, dont le nombre atteste les embarras d'une administration sans force et sans crédit, Charles VI laissa le royaume dans la plus grande détresse.

1422. Charles VII eut d'abord peu de part aux événements mémorables qui s'accomplissaient sous ses yeux. On combattait pour lui. La victoire suivait les étendards de ses preux. Ami des plaisirs et du repos, il abandonnait à ses capitaines le soin de reconquérir ses états.

Il se souvint enfin qu'il régnait, et que c'était à lui de soutenir ses droits les armes à la main. Tandis que Henri d'Angleterre, qui se disait roi de France, adressait au parlement de Paris des ordonnances et des édits, le véritable roi des Français, poursuivant le cours de ses victoires, chassait les Anglais des villes et des territoires qu'ils avaient envahis.

Alors il s'occupa d'administration et de gouvernement. Des lois d'intérêt général vinrent avertir de son application aux affaires et de son nouveau genre de vie.

1433. Un premier édit de ce prince institua un tabellionage dans chaque châtellenie, avec pouvoir conféré aux tabellions d'employer à la réception des contrats des notaires ou commis dont ils répondraient. Injonction leur fut faite de tenir des registres ou protocoles où les notaires devaient inscrire l'énonciation sommaire des actes. Un double, signé par eux, était remis au tabellion qui en avait la garde durant sa vie. Après sa mort, un dépôt était formé des registres réunis, sous la surveillance de l'autorité publique.

La nouvelle loi supprima tous autres offices de notaires, véritable confiscation dont le résultat devait être d'augmenter le prix des nouveaux tabellionages que le domaine allait bailler à ferme.

Par un second édit, il fut prescrit aux notaires du 1437.
Châtelet de conserver soigneusement les protocoles ou registres de leurs actes, pour les transmettre à leurs successeurs, précaution éminemment utile, dont le but était de perpétuer le souvenir des conventions civiles et d'assurer le moyen de les constater en tout temps. Les autres tabellions du royaume y avaient été déjà soumis. Le Châtelet, seul, jouissait d'une exception qu'il convenait de faire disparaître. L'intérêt public réclamait entre les officiers du même ordre une salutaire uniformité.

L'établissement d'un parlement, à Toulouse, fut 1445.
confirmé. Des notaires lui furent adjoints pour les besoins du service et l'expédition des procès.

A cette époque, fut consacrée dans l'intérêt des 1446.
notaires une garantie qui semblait leur promettre un meilleur avenir. On lit dans un règlement général que ceux qui auront tenu leurs offices pendant cinq ans, ne pourront en être dépouillés, disposition protectrice et bienveillante que l'on pouvait regarder dès lors comme un gage de stabilité pour le notariat.

Des ordonnances, signalant les devoirs des notaires du parlement, leur avaient plusieurs fois recommandé la discrétion, par rapport aux délibérations de la cour et à tout ce qui concernait l'instruction des causes. Le secret fut de nouveau présenté comme une obligation rigoureuse.

Les quatre notaires qui se tenaient au parlement, chargés d'expédier les mandements de justice, avaient déserté leur poste pendant la guerre. Une ordonnance les y rappela, avec injonction d'y demeurer constamment, et mandat exprès de délivrer aux parties les commissions qui les intéressaient.

Les plaintes s'étant renouvelées dans les états du Languedoc, touchant les exactions des notaires et le
1456. nombre excessif de ces officiers, le roi nomma des commissaires réformateurs qu'il investit d'amples pouvoirs. On demandait entre autres choses que, pour le paiement des honoraires résultant de leurs écritures, les notaires fussent tenus de se pourvoir devant les juridictions où les procès avaient été instruits, et qu'il ne fût fait grosse des contrats que sur la réquisition des parties.

On remarque avec surprise dans les griefs des états, qu'en certaines villes de moyenne importance, il y avait quatre-vingts notaires royaux.

Au surplus, les notaires et tabellions des pays de droit écrit avaient été déclarés passibles du paiement du marc d'argent que le roi percevait pour son *joyeux avènement*.

Affranchi des embarras que lui causaient les grands 1461.
vassaux, libre des soins de la guerre, vainqueur de ses ennemis qui furent les jouets de sa politique astucieuse, Louis XI donna une sérieuse attention aux lois et à l'administration publique. Il y apporta l'arbitraire et le despotisme qui formaient un des traits de son caractère.

Les anciens officiers de justice, qui avaient rempli leurs fonctions sous son père, furent l'objet de sa haine et destitués. L'esprit d'intrigue et de cupidité s'empara des emplois. Le monarque protégea ce commerce pour en faire son profit.

Cependant, averti des reproches qu'on ne cessait d'adresser aux notaires, il ordonna la réformation des abus.

L'exercice du tabellionage fut réservé aux laïques, 1480.
à l'exclusion des prêtres et des religieux. C'était concilier l'intérêt d'un grand nombre de familles avec l'esprit de l'église qui commande à ses ministres de s'abstenir des affaires temporelles.

Les franchises et les immunités des notaires-secré- 1482.
taires du roi furent confirmées par lettres-patentes. Cette pièce n'est pas indifférente. Par elle, nous connaissons avec précision en quoi consistaient les fonctions de ces officiers dont il est si souvent parlé dans les anciennes ordonnances. Là, nous voyons que les premiers secrétaires des monarques français étaient des *personnes notables, de grande science, vertus et expérience, sûrs et féables, de louable renommée*, établis pour rédiger par écrit et certifier par leur

signature toutes les choses solennelles et authentiques qui seraient faites et ordonnées par les rois de France, savoir : livres, registres, conclusions, délibérations, lois, constitutions, pragmatiques-sanctions, édits, ordonnances, consultations, chartes, dons, concessions, octrois, priviléges, mandements, commandements, provisions de justice ou de grâce, ainsi que les actes faits dans les chancelleries du royaume : ils devaient, en outre, enregistrer les délibérations, conclusions, arrêts, jugements, sentences et prononciations du roi ou de son conseil, des cours, des parlements et autres.

Ils étaient réunis en collége, portant le titre de collége des clercs-notaires et secrétaires du roi, de la couronne et maison de France.

Louis XI conserva leurs priviléges; il les déclara exempts à perpétuité de toutes tailles, emprunts, foaiges, monnaiages, gabelles, subsides, aides et autres subventions quelconques.

C'est tout ce qu'il fit pour le notariat.

1483. Cette institution doit au gouvernement de Charles VIII, fils et successeur de Louis XI, quelques sages dispositions législatives.

Ce fut au commencement de ce règne que les états généraux signalèrent avec force les inconvénients de la vénalité des offices. « On a vu de nos jours, est-il » écrit dans les cahiers des états, les vicomtés, les » prévôtés, les vigueries et les charges de l'élection,

» toutes places qui demandent une probité et des » lumières reconnues, puisqu'elles donnent le droit » de prononcer sur la vie et sur la fortune des cito- » yens; on a vu ces charges conférées à des militaires, » à des veneurs ou à des étrangers, gens non lettrés » ni experts, lesquels, incapables de les remplir par » eux-mêmes, les affermaient à quiconque leur en » offrait des profits plus considérables [1]. »

Des lettres-patentes anoblirent les notaires-secrétaires du roi et confirmèrent leurs priviléges.

Les notaires du Châtelet étaient particulièrement institués pour recevoir tous les actes de la juridiction volontaire. Leurs devoirs furent tracés par un édit. 1485.
Pour les ramener à des principes de modération et de désintéressement, défenses leur furent faites, à raison des inventaires par eux dressés, de recourir, contre l'intention des parties, à des mesures de rigueur sur les effets inventoriés, pour le paiement de leurs honoraires. Il leur fut interdit d'insérer dans les actes des clauses non exprimées par les contractants, des termes synonymes, des phrases inutiles et superflues.

Un tarif fut alors arrêté pour la grosse des actes et pour les brevets, ainsi que pour les vacations aux inventaires, avec ordre de mentionner sur les lettres et les brevets le montant du salaire perçu.

Il fut prescrit d'écrire dans leur entier les disposi-

---

[1] Voy. aussi les doléances des états gén. de 1560 et 1588, et Henr. de Pans., Aut. jud.

tions formant le traité, d'en donner ensuite lecture aux parties, d'enregistrer, c'est-à-dire, de tenir et garder registre des actes et obligations, si les parties le requéraient, et au cas où des grosses seraient délivrées par le tabellion, de bâtonner les brevets ou minutes, en les retenant par devers lui.

Les mœurs et la capacité des notaires étaient les plus importantes des garanties que l'on pût offrir.
1490. Ils furent soumis, à cet égard, à un examen devant les sénéchaux.

Il paraît que des notaires, se disant impériaux, apostoliques ou épiscopaux, empiétaient sur les attributions de ceux qui avaient été institués dans le royaume pour la réception des actes civils. Une ordonnance défendit de faire passer par les premiers aucun contrat en matière temporelle, *sur peine de n'être foi ajoutée auxdits instruments.*

Pour la première fois, il fut question du délai dans lequel les notaires ou tabellions devaient réclamer
1490. leurs honoraires, à peine de déchéance. Par une ordonnance rendue à Moulins, fut établie une prescription de cinq ans pour la province du Languedoc.

Le secret si souvent recommandé aux officiers de justice, présidents, conseillers, avocats, procureurs, greffiers, notaires et huissiers, relativement aux affaires portées au parlement, fut l'objet d'une nouvelle ordonnance.

1493. Une déclaration parut, portant que les greffes et les notariats seraient séparés de l'office des prévôts et des baillis, et donnés à ferme.

Des réglements fixèrent le traitement, les droits et les fonctions des quatre notaires-secrétaires au parlement de Paris.

Malgré les soins et les sollicitudes qui remplirent 1497.
d'amertume la vie publique de Louis XII et de son premier ministre, le fameux cardinal d'Amboise, ils s'occupèrent de la réformation de la justice et de l'utilité générale de l'état.

Quelques-uns de leurs actes sont revendiqués par le notariat.

Une ordonnance, datée de Blois, fit défenses aux 1499.
notaires, par son article 65, de recevoir aucun contrat, s'ils ne connaissaient les parties, ou si l'identité ne leur en était dûment attestée. Cette précaution, dont le but était de prévenir des surprises et de fausses comparutions, a passé dans nos lois modernes.

L'article 66 ajouta une nouvelle garantie aux conventions publiques, en exigeant que le notaire fût assisté de deux témoins.

Les autres articles de cette ordonnance, empreints d'un grand caractère de moralité, sont relatifs aux fonctions que les notaires remplissaient auprès des cours et des juridictions subalternes.

Pour empêcher la corruption de se glisser parmi les officiers royaux, il fut interdit aux gouverneurs, baillis, sénéchaux et juges, de rien recevoir des notaires, à titre de don.

La longueur des écritures, dans les procès, ayant excité des plaintes, les avocats et les notaires furent soumis à des règles sévères, à un tarif modéré, à l'obligation d'un serment.

Si Louis XII, après sa désastreuse expédition d'Italie, eût ordonné la vente des offices de judicature, il aurait, en quelque sorte, trouvé son excuse dans l'exemple donné par ses prédécesseurs, dans les embarras de sa position, dans les besoins qui le pressaient vivement ; mais on sentait que la vénalité était contraire aux intérêts du trésor, comme à l'intérêt public; que l'avantage de toucher quelques capitaux, dans un moment de détresse, était trop chèrement payé par l'abandon fait à un avide traitant des droits que le fisc pouvait percevoir lui-même, et qui étaient toujours supérieurs au prix que la vente procurait.

Toutefois les convictions du monarque et ses sentiments généreux succombèrent, un jour, dans les luttes qu'il soutenait contre la mauvaise fortune. Aux prises avec l'impérieuse nécessité, il se laissa entraîner dans la voie où lui-même avait signalé de graves abus et des dangers. Parmi les soucis cuisants qu'entretenait dans son esprit la pénurie du trésor, il crut pouvoir livrer les charges de finances aux calculs de la spéculation ; mais le mot de vénalité portait avec lui l'anathème public. Il suffisait qu'il apparût dans les lois pour réveiller toutes les alarmes des temps passés.
1508. Le père du peuple se repentit de son erreur, et prononça spontanément l'abrogation de la mesure qu'il avait prescrite, présentant pour justification l'état des

affaires de son gouvernement, et les dettes énormes qu'il avait été forcé de contracter.

En reprenant l'exercice de sa surveillance, l'administration avait besoin du concours des officiers ou fonctionnaires qui pouvaient l'éclairer dans sa marche. Une injonction fut adressée aux greffiers, aux notaires et tabellions d'avertir les employés du domaine, des actes donnant ouverture aux droits de vente et autres, et qui seraient passés dans les fiefs de la couronne et les seigneuries royales. Par là, le recouvrement des deniers du trésor devenait plus facile, plus prompt et plus abondant.

Une autre ordonnance, rendue pour abréger les 1510.
procès en Bretagne, nous fait connaître en quoi consistaient les fonctions des notaires dans les cours de justice. Tour-à-tour rapporteurs et greffiers, ils faisaient le dépouillement des dossiers et le rapport des procès; et quand la sentence était rendue, ils la baillaient aux parties en forme de grosse, c'est-à-dire qu'ils en délivraient des expéditions.

Par lettres-patentes du mois d'avril de la même année, les priviléges des notaires du Châtelet de Paris furent honorablement confirmés. Depuis un temps immémorial, ils étaient en possession du droit d'instrumenter dans tout le royaume. Cette faculté leur était commune avec les notaires d'Orléans et de Montpellier : ils jouissaient d'une autre prérogative, pour leurs affaires personnelles. Le prévôt de Paris était leur juge; ils n'étaient tenus, dans aucun cas, d'aller plaider ailleurs. Et comme ces immunités ne paraissaient pas toutes établies sur un texte précis de loi, elles furent consignées dans des lettres-patentes.

Au mépris des anciennes ordonnances, qui avaient déclaré qu'au roi seul était réservée l'institution des notaires, les gouverneurs, les baillis, les sénéchaux et autres officiers se permettaient de disposer des
1510. places vacantes. Cet empiètement fut réprimé par ordonnance, qui renouvela d'ailleurs les règlements antérieurs, sur le nombre et la capacité des notaires, sur la prohibition des contrats usuraires, sur la tenue des registres ou protocoles, dans lesquels devaient être inscrits les actes et contrats, suivant leurs dates ou l'ordre chronologique. Les notaires du Châtelet de Paris étaient affranchis de cette obligation.

La coutume d'Angoumois avait des dispositions semblables à celles des ordonnances royales, concernant la forme des contrats notariés. Elle portait aussi interdiction aux notaires ecclésiastiques de passer aucun acte entre personnes laïques, sur choses temporelles, s'ils n'étaient assistés d'un notaire compétent. On ne pouvait nommer des gens d'église ou des religieux aux fonctions de notaire de cour laie.

Voilà dans quel état se trouvait le notariat à la fin du règne de Louis XII.

TROISIÈME ÉPOQUE.

FRANÇOIS Ier. — PROGRÈS DU NOTARIAT.

DE L'AN 1515 A L'AN 1643.

Le notariat, depuis son organisation, n'avait pas 1515.
reçu les perfectionnements dont il était susceptible. Ses progrès furent plus rapides et plus marqués sous le règne de François 1er et de ses successeurs.

Le mouvement ne fut pas seulement imprimé par les ordonnances et les édits royaux. Quelques provinces, qui se gouvernaient par leurs coutumes, voulurent seconder l'esprit de la jurisprudence, en faisant consigner dans leurs lois des règles sur la nomination, les honoraires et la responsabilité des notaires, sur les qualités des témoins, sur la forme des actes, sur l'obligation de garder et de transmettre les minutes.

Le roi confirma les priviléges, exemptions, franchises et libertés des notaires-secrétaires de la couronne et maison de France, à cause de leurs *grands, louables, vertueux et recommandables services.*

Dans une de ses ordonnances, pour l'administration 1535.
de la justice en Provence, il recommanda au parlement de s'assurer, par un examen, des bonnes mœurs et de la capacité des notaires, avant leur entrée en fonctions. Admis à exercer, ils devaient être inscrits dans la matricule du lieu de leur résidence, y déposer

leurs noms, surnoms et seings manuels, avec prohibition de les changer dans la suite.

Défenses leur furent faites de rien insérer dans les actes, qui n'eût été expressément déclaré ou convenu par les parties en présence de témoins. Les choses superflues, les termes synonymes furent bannis de la rédaction des contrats, à peine d'amende arbitraire.

Il fut enjoint aux notaires de constater par écrit tous les accords arrêtés entre les parties, et de leur en donner ensuite lecture tout au long.

Pour la régularité des registres et la facilité des recherches, pour maintenir d'ailleurs les garanties qu'on avait eu pour objet d'assurer, les actes devaient être inscrits suivant leur priorité de date, sans blanc, sans interligne, sans apostille en tête ni à la marge. Les renvois et approbations devaient être placés à la fin de l'acte, avant les signatures.

Le moyen d'éviter les surprises était d'exiger que les parties et les témoins fussent bien connus des notaires. L'ordonnance en fit un devoir.

Elle prit de sages précautions, à peu près semblables à celles de notre code de procédure, sur le faux incident civil, pour concilier les intérêts des parties plaignantes avec l'honneur et la fortune des notaires inculpés dans une accusation de faux.

L'usure continua d'être frappée d'anathême. Les officiers de justice étaient obligés de rechercher avec soin ce délit dans les contrats qui pouvaient en être infectés, de s'attacher aux traces des usuriers pour découvrir leurs habitudes et démasquer leurs secrètes manœuvres, quand ils avaient recours à des actes simulés.

Le secret des informations, dans les affaires criminelles, fut l'objet d'un édit de François 1er, qui défendit aux notaires de communiquer l'instruction aux prévenus ou autres.

L'effet des donations étant subordonné à l'acceptation, il fut expliqué qu'elle pourrait être faite par le donataire en personne, ou par procureur fondé spécial, en présence du donateur ou de son mandataire, et en présence du notaire qui avait retenu l'acte de donation, ou autre notaire, tabellion ou personne publique.

Une ordonnance, rendue à Villers-Cauterets, ren- 1539.
ferme d'importantes dispositions sur les devoirs des notaires, sur la forme et l'autorité des actes.

Elle porte que les obligations passées sous le sceau royal seront exécutoires dans tout le royaume;

Qu'il en sera de même des autres sceaux authentiques, entre les obligés ou leurs héritiers, en tous lieux où ils seront trouvés demeurants, et sur tous leurs biens, quelque part qu'ils soient situés, pourvu qu'au temps de l'obligation, ils demeurassent dans la juridiction à laquelle les sceaux authentiques appartenaient;

Qu'à cette fin, les notaires indiqueront dans les actes la demeure des contractants;

Que tous exploits, arrêts, procédures, contrats, testaments et autres quelconques, seront en langage maternel français;

Que toutes donations, après acceptation par les donataires, seront insinuées dans les cours et juridictions ordinaires des parties et des choses données, à peine de nullité ;

Que les minutes de tous testaments et contrats seront inscrites au long dans les registres et protocoles, et qu'à la fin de cette insertion sera mis le seing des notaires ou tabellions qui auront reçu les actes ;

Que, s'il y a deux notaires, le nom du détenteur sera mis au dos du testament ou du contrat ;

Que les notaires et tabellions ne communiqueront leurs registres qu'aux parties, à leurs héritiers ou successeurs, ou à ceux qui auront droit et notoirement intérêt dans les actes ;

Qu'il ne sera délivré qu'une grosse des testaments et des contrats à chacune des parties ; que pour en obtenir une seconde, il faudra l'autorisation de la justice, parties entendues ;

Le tout, à peine de privation de l'office, de dommages-intérêts, et même de faux, le cas échéant.

Une autre ordonnance, de la même époque, défendit aux notaires de communiquer les minutes de leurs actes et d'en délivrer des expéditions à d'autres que les parties contractantes ou leurs héritiers.

Les notaires du Châtelet de Paris furent dispensés d'écrire eux-mêmes les grosses des contrats : il leur fut permis de se décharger de ce soin sur leurs clercs.

1542. La distinction établie entre les notaires et les tabellions allait s'affaiblissant depuis Philippe-le-Bel. Elle se releva sous le règne de François Ier. On pensa peut-être que des attributions spéciales seraient une garantie d'ordre, d'exactitude et de régularité. Après avoir prescrit aux tabellions de se renfermer dans les limites de leurs ressorts respectifs, un édit maintint les notaires dans le droit exclusif de dresser les minutes des contrats, et les tabellions dans le droit d'en faire les grosses (Les notaires de Paris exceptés ; ils pouvaient recevoir les minutes et en délivrer des expéditions).

Mais cette distinction fut combattue dans quelques provinces dont la résistance devait se communiquer aux autres et former à la fin le droit général de la France.

Une déclaration supprima les tabellions dans le Bourbonnais, et permit aux notaires de ce duché de grossoyer tous actes et contrats.

Ces règlements rendaient inutile l'intervention des juges et des greffiers dans la passation des actes. Leur concours nuisait à l'institution des notaires et des tabellions. Ceux-ci furent exclusivement appelés à exercer leur ministère. Il fut défendu aux autres de recevoir aucun contrat volontaire.

Le principe de la spécialité subsistait. L'apposition du sceau sur les actes était une ancienne formalité que l'on regardait comme nécessaire. Elle donna lieu à la création d'un corps d'officiers, sous le nom de scelleurs, auxquels fut confiée la garde du sceau royal, dans chaque juridiction. Les juges et leurs lieutenants en étaient auparavant chargés.

Des émoluments furent attachés à cette place qui

devint, comme le notariat et le tabellionage, un office sujet au bail à ferme, dans l'intérêt du domaine.

1543. La forme des actes fut régularisée sur quelques points par un nouvel édit, qui ordonna que les contrats seraient passés devant un notaire et deux témoins, ou devant deux notaires, sans témoins, et que dans ce dernier cas, la minute resterait au notaire qui l'aurait écrite.

C'est, à peu près, ce qu'exigeaient les coutumes du Bourbonnais et de la Marche, rédigées en 1521. Elles réglèrent avec un soin particulier plusieurs parties de l'institution du notariat, les garanties protectrices des conventions, les caractères des actes, les devoirs des officiers qui en étaient les rédacteurs et les gardiens.

Dans ces provinces, tout contrat devait être reçu par deux notaires, ou par un notaire, en présence de deux témoins mâles, majeurs de vingt ans, connus du notaire et désignés dans l'acte par leurs noms et leurs demeures.

Les notaires étaient tenus d'indiquer le lieu où les actes se passaient, d'écrire les contrats et d'en donner lecture *haut et clair*, en présence des parties et des témoins. L'obligation de former des registres ou protocoles avait été introduite dans les coutumes.

La taxe des actes était confiée au juge ordinaire ou garde des sceaux. Les notaires ne pouvaient réclamer que vingt sols pour chaque peau de grosse, qui devait contenir soixante lignes, et chaque ligne soixante mots ou syllabes.

Si la mémoire de François Ier est en honneur parmi les notaires, pour les progrès qu'il fit faire à leur institution, la magistrature doit le regarder comme un des princes qui nuisirent le plus à sa considération et à sa dignité, par la protection dont il couvrit la vénalité des offices. Son nom se rattache, entre tous les autres, à cette impolitique et funeste mesure. Il créa des charges, les vendit à bureau ouvert, permit de les résigner et de les transmettre, sans quoi elles retournaient dans ses mains : il établit, pour percevoir ce nouveau genre d'impôt, un trésorier nommé receveur des parties casuelles.

Le regret survint, et le roi supprima pour la Provence la vénalité des offices de judicature.

Le gouvernement de Henri II consacra de nou- 1546.
velles garanties, qui vinrent assurer l'empire de la vérité dans les contrats. Il fut interdit aux notaires, proches parents, d'instrumenter ensemble. La prohibition était circonscrite entre le père et le fils ou le gendre, les frères, l'oncle et le neveu.

Mention devait être faite par les notaires de leurs 1550.
qualités, de leurs demeures et du lieu où ils avaient été reçus.

L'intérêt public réclamait des mesures propres à mettre un frein aux exigences de ces officiers. Un arrêt du parlement déclara que l'expédition des actes ne serait faite que sur la réquisition des parties.

Les notaires du Châtelet continuaient de jouir des avantages accordés à leur communauté. On confirma leurs priviléges.

De leur côté, les notaires-secrétaires du roi participèrent aux faveurs répandues sur leurs confrères de la ville. Ils furent autorisés à exercer leurs fonctions dans toutes les chancelleries du royaume.

Enfin, les notaires apostoliques, dont le grand nombre et l'incapacité étaient une occasion de troubles et de difficultés, furent l'objet de quelques dispositions législatives. Ils devaient être soumis à un examen, et leur nombre ainsi que leur résidence déterminés par les baillis, les sénéchaux et les juges présidiaux.

1560. Charles IX ajouta d'utiles règlements à ceux des temps antérieurs, touchant les formalités des contrats et autres choses y relatives.

Aux plaintes et remontrances des états assemblés à Orléans, le monarque répondit par une ordonnance générale portant que le nombre des notaires serait réduit selon l'avis des juges ordinaires des lieux; qu'à l'avenir les notaires, pour être reçus, seraient âgés de vingt-cinq ans au moins, et tenus de justifier de leur expérience et de leurs bonnes mœurs; qu'après le décès d'un notaire, il serait dressé par le juge inventaire des registres et protocoles dont il serait fait dépôt au greffe, avec permission au greffier de grossoyer, signer et délivrer des actes, moyennant salaire divisible par moitié entre le greffier expéditionnaire et les héritiers du notaire décédé ; que les notaires feraient signer par les parties et les témoins tous actes et contrats par eux reçus, ce dont il serait fait mention, à peine de nullité ; et que si les parties ou les témoins ne savaient pas signer, les notaires exprimeraient la réquisition émanée d'eux et la réponse qui leur serait faite ; que sous le rapport du style, de la forme des actes, des salaires et des vacations, les notaires du Châtelet de Paris serviraient de modèle aux autres notaires et tabellions.

Vers le même temps, le pays d'Auxerre fit rédiger 1561.
sa coutume. L'article 134 répète l'obligation imposée par les lois du royaume de passer les actes devant deux notaires ou devant un notaire et deux témoins, et, en outre, déclare que les témoins seront mâles, non domestiques du notaire, et que mention sera faite de leurs noms, qualités et demeures.

La langue française régnait déjà devant les tribunaux civils. François 1er l'avait introduite dans la rédaction des actes notariés. La juridiction ecclésiastique, soumise à l'autorité de Rome, résistait seule et se servait de la langue latine. Une ordonnance royale fit cesser cette diversité, en exigeant que tous actes fussent rédigés en français dans les matières ecclésiastiques et bénéficiales.

Les privilèges des notaires-secrétaires du roi s'accrurent du droit qui leur fut accordé de distraire leurs causes des sièges ordinaires.

Il s'élevait assez fréquemment des discussions entre

les officiers de justice, sur leurs attributions. Les examinateurs du Châtelet revendiquaient le monopole
1569. des actes de partage judiciaire. Intervint un arrêt de règlement, qui décida que les parties avaient la faculté de s'adresser à des notaires.

Le lit de justice tenu par Charles IX, après la prise du Hâvre par les Anglais, nous montre quel était le grand costume des membres du parlement, et prouve que les notaires attachés à la cour faisaient partie de ses officiers : ils portaient la robe rouge, ainsi que le président, les conseillers et les gens du roi.

1574. Henri III signala le commencement de son règne par la création d'offices de notaires-garde-notes dans chaque bailliage, sénéchaussée et siége royal, disposition bursale qui ne pouvait intéresser que le fisc.

Deux ans après, les notaires de la capitale s'affranchirent de cette obligation nouvelle, en obtenant des lettres-patentes qui leur permirent de cumuler leurs fonctions de notaires-tabellions avec celles de garde-notes.

1577. Le parlement de Paris ordonna par arrêt de règlement aux notaires d'annexer aux actes les procurations des parties, afin que l'on pût constater au besoin les termes et l'étendue du mandat.

L'année suivante, l'exception accordée aux notaires de Paris devint générale, et dès lors les offices de notaires et de garde-notes furent réunis en un seul.

1579. Sur les doléances des états généraux assemblés à

Blois, le monarque rendit une ordonnance qui, ramenant les notaires dans la bonne voie, leur adressa quelques prescriptions nouvelles.

Cette ordonnance détermina la forme et les précautions à suivre dans les inventaires après décès. Les héritiers pouvaient recourir à des notaires. Elle recommanda dans tout le royaume, dans les pays de droit écrit, comme dans les pays coutumiers, l'observation des lois relatives à la signature des contractants et des témoins : elle voulut que, dans les villes et gros bourgs, où il était facile de trouver des personnes sachant signer, les contrats, testaments et autres actes fussent signés d'un témoin et du notaire, quand les parties ne pourraient point signer : elle fit injonction aux notaires de mentionner la qualité, la demeure et la paroisse des contractants et des témoins, la maison où les actes seraient passés, et si c'était avant ou après midi : elle s'occupa de la réduction des officiers de justice, et conserva quatre notaires au parlement. Quant à ceux qui étaient auprès du roi et qui portaient le titre de notaires-secrétaires de la maison et couronne de France, ils furent fixés au nombre ancien de vingt-six.

Henri III avait débuté par des mesures fiscales. 1580.
Vers la fin de son règne, il porta un édit qui avait, à peu près, le même objet. Les offices de greffier, de tabellion, de garde-notes, de garde des sceaux, furent supprimés et réunis au domaine du roi, pour être vendus à charge de rachat perpétuel.

1589. Si le règne de Henri IV ne se distingue point par un grand nombre de monuments en faveur du notariat, il fut du moins marqué par une innovation mémorable, l'hérédité des offices.

Les offices, en général, jouissaient du privilége de la vénalité, malgré les édits qui, de loin en loin, avaient tenté de ramener la jurisprudence à sa pureté primitive, et les hommes avides de places à des principes d'honneur.

Des voix indépendantes avaient porté au pied du trône les plaintes du peuple, et réclamé l'abolition de la vénalité, au nom de la justice et de l'humanité; mais que peuvent la raison et l'éloquence, traçant le tableau des misères publiques, quand il s'agit d'ôter au fisc un impôt établi? En vain quelques princes bien intentionnés voulurent-ils arrêter le désordre. Eux-mêmes se laissèrent entraîner à l'infraction de leurs propres ordonnances, et la vénalité continua de régner en souveraine dans les offices de finance et de judicature.

Les offices inférieurs, tels que les greffes, les sceaux et les notariats, étaient depuis long-temps regardés comme formant une partie des revenus de la couronne. On les avait vus sans surprise passer, par la voie des adjudications, dans les mains des fermiers du domaine.

Henri IV augmenta les prérogatives de l'institution notariale par un bienfait dont les tabellions comprirent toute l'étendue. Leurs offices étaient vénaux.

Le domaine exerçait sur eux un pouvoir absolu ; mais ils n'étaient pas encore héréditaires.

Les fonctions de notaires, de tabellions et de garde-notes, étaient divisées et formaient autant d'offices différents. Née des besoins du trésor, qui créait des places pour se procurer de l'argent, cette futile distinction était une source d'embarras et de difficultés.

Supprimant les anciens officiers, dont les charges 1597.
avaient été données à ferme, Henri IV érigea de nouveaux offices où tout fut réuni, offices de notaires-tabellions-garde-notes, et il les rendit héréditaires.

Des jurisconsultes éclairés applaudirent à la sagesse de cette disposition. Le docte Loyseau, qui composa son Traité des Offices, vers la fin de ce siècle, ou dans les premières années du siècle suivant, trouvait conforme à la raison et à l'intérêt public de confier au zèle et à la loyauté des enfants la suite d'un ministère qui avait été rempli sous leurs yeux et où l'on devait espérer qu'ils conserveraient avec soin les actes et les bonnes traditions de leurs pères [1].

Hors de là, cet auteur blâmait sévèrement l'hérédité des offices, introduite par la faveur et par d'odieux priviléges.

Dans l'origine, lorsque la justice s'administrait gratuitement en France, les clercs des juges étaient à la fois leurs notaires et leurs greffiers. Là où il n'y

[1] Loyseau, des Offices, t. 2, ch. 3.

avait point de profit, on ne devait pas songer à établir des fonctionnaires particuliers ; mais lorsque le tabellionage eut acquis de l'importance et de la considération ; lorsque les travaux des notaires eurent été tarifés ; lorsque leurs actes donnèrent lieu à des émoluments reversibles au domaine, on crut nécessaire d'élever le notariat au titre d'office. St Louis avait donné l'exemple pour le Châtelet de Paris.

Henri IV y ajouta la prérogative de l'hérédité. Dès lors, cette institution se trouva parvenue à son plus haut degré d'influence et de prospérité.

Il n'en était pas ainsi des offices de judicature. « Quoique vénaux (dit M. Henr. de Pans. Aut. Jud. Introd.), ils n'étaient que viagers. Au décès du » titulaire, ils rentraient dans la main du roi, qui » les aliénait moyennant une nouvelle finance. Cette » mine ne parut pas encore assez riche à ceux qui » l'exploitaient : l'un d'eux, nommé Charles Paulet, » secrétaire de la chambre du roi, présenta au gou- » vernement un projet qui consistait à déclarer les » offices patrimoniaux, héréditaires et aliénables, en » faveur de ceux qui, dans les premiers jours du » mois de janvier, verseraient dans le trésor public » une somme égale à la soixantième partie de leur » finance. Ce projet fut accueilli d'abord par un » arrêt du conseil, du 4 décembre 1604, et, peu » de jours après, par une déclaration du roi, du 12 » du même mois. »

La formalité du sceau dans les actes publics et les jugements avait déjà de la consistance et de la gravité, à la faveur d'un édit qui prononçait la nullité pour son inexécution, autre moyen d'étendre les perceptions du fisc.

De fréquentes contestations s'agitaient devant les tribunaux, sur l'effet des clauses de renonciation insérées dans les actes, au nom des femmes mariées dont la dot était protégée par le sénatus-consulte Velléien. Pour tarir la source de pareils débats, une déclaration royale défendit aux notaires d'exprimer dans les contrats de telles renonciations, et, en même temps, déclara que les femmes n'en seraient pas moins obligées.

On n'avait pas encore songé à renfermer le ministère des tabellions dans des limites convenables. Ils pouvaient instrumenter pour toute sorte de personnes, même pour leurs familles. Le parlement de Paris, 1607.
par un arrêt de règlement, leur fit inhibitions de passer aucun contrat au profit de leurs enfants, de leurs gendres et de leurs pupilles. La prohibition s'étendit jusqu'au degré de cousin germain.

Le règne de Louis XIII, qui se recommande par 1610.
les actes d'une politique forte et conservatrice, fut, à peu près, stérile pour le notariat. A peine peut-on citer quelques dispositions d'un faible intérêt, sur cette institution.

On trouve dans un édit la nécessité de s'adresser 1627.
au garde des petits sceaux, pour faire sceller les expéditions des contrats et des sentences. Il fut

enjoint aux scelleurs de tenir registre sommaire des noms des parties, de la substance et de la date des contrats scellés, pour y avoir recours, en cas de perte de ces contrats, et afin que d'autres grosses fussent scellées sur la foi du registre.

1620. D'après un document législatif de ce règne, toute quittance de dot devait être passée devant notaire, à peine de nullité, à l'égard des créanciers. L'article 164 de l'ordonnance de Blois, relative aux inventaires après décès, fut confirmé dans toutes les juridictions. Les héritiers continuèrent d'être investis du droit de faire inventorier les effets du défunt par un notaire de leur choix, sans qu'il fut besoin d'appeler les officiers de justice, sauf en cas de confiscation, d'aubaine ou de contestation.

Défenses furent faites aux notaires de prendre plus grand salaire que celui fixé par les ordonnances.

1632. Des arrêts de règlement du parlement de Paris, rendus dans le cours de ce règne, contiennent des dispositions sur la tenue des répertoires et sur la manière d'inventorier les minutes des notaires décédés.

Le taux des rentes constituées fut fixé au denier dix-huit, avec interdiction aux notaires de recevoir la stipulation d'un intérêt plus élevé, sous des peines sévères.

On établit des garde-scels particuliers pour les actes notariés.

Enfin, des lettres-patentes portèrent à 113 le nombre des notaires du Châtelet.

QUATRIÈME ÉPOQUE.

LOUIS XIV.

DE L'AN 1643 A L'AN 1789.

Le long règne de Louis XIV aurait été pour le notariat une époque de glorieux souvenirs, si le zèle religieux, changé en fanatisme et en tyrannie, n'eut égaré le monarque, dans ses vieux jours. 1643.

Après avoir réuni autour du trône tous les genres d'illustration, ce prince reçut de ses contemporains le surnom de Grand, bien moins pour ses exploits guerriers et ses victoires, qu'à cause de la protection par lui accordée aux lettres, et des institutions dont il fut le fondateur.

Durant cette brillante période de nos annales, le notariat conserva son influence et fit encore de précieuses conquêtes.

Imposant ses arrêts aux juridictions inférieures, 1643. manifestant l'esprit de la jurisprudence, le parlement de Paris décida qu'un acte qui avait reçu la forme légale, ne pouvait être annulé que par un autre acte, et qu'il n'était pas au pouvoir des notaires et des parties d'en détruire l'existence matérielle.

Le principe de la vénalité reçut une consécration nouvelle, par rapport aux offices des notaires royaux. Une déclaration en autorisa la *vente* et la *revente*. Ainsi se formulait dans le sens le plus large, le plus étendu, l'exercice d'un droit expressément reconnu.

Nous avons eu occasion de faire remarquer la tendance des lois à effacer toute distinction entre les
notaires et les tabellions. La pensée du pouvoir légis-
1645. latif se manifesta hautement sur ce point. La réunion
du notariat et du tabellionage fut l'objet d'une disposition particulière qui, plus tard, s'appliqua aux charges de garde-notes, de garde-scel et de contrôleur.

Ce plan de réunion fut mal observé, malgré les résolutions de la puissance publique qui semblait devoir en assurer l'exécution, tant l'habitude et les traditions ont d'empire sur la conduite des peuples ! L'abus se perpétua ; les fonctions des notaires continuèrent d'être séparées de celles des tabellions ; les traces de cette distinction subsistaient notamment dans les juridictions subalternes.

La formalité du sceau existait déjà ; elle fut régularisée par des édits et des déclarations. Le sceau royal était considéré comme la marque extérieure de l'autorité suprême où les contrats et les sentences puisent leur force et leur action [1].

1655. Il fut enjoint aux notaires de signer les actes, aussitôt après les parties et les témoins, et en leur présence.

Le plus grand soin était recommandé dans la sur-

---

[1] Voy. l'Edit de création de l'office de garde-scels des actes notariés, du 16 mai 1639.

veillance des minutes qui devaient être remises aux successeurs des notaires décédés. C'était la conséquence du droit que ces officiers avaient obtenu de disposer librement de leurs registres et protocoles, ou de les transmettre à leurs héritiers.

A cette époque remonte un édit qui fixa le nombre 1664.
des notaires royaux avec un luxe que n'exigeaient pas les besoins des populations au milieu desquelles ils étaient établis. Ils pouvaient être portés jusqu'à vingt dans les villes capitales des provinces ; à dix dans les villes où se trouvait un bailliage ou une sénéchaussée ; à quatre dans les petites villes de prévôté ; à deux dans les bourgs où se tenaient des foires et des marchés. Chaque paroisse au-dessus de soixante feux pouvait réclamer la résidence d'un tabellion.

Un arrêt de parlement détermina les honoraires 1668.
des notaires, pour vacations, expéditions et recherches.

Ils furent investis du pouvoir de passer tous actes 1669.
et contrats, sans en excepter les ordres volontaires entre créanciers. Leur ministère embrassa les sommations respectueuses, ainsi que les inventaires et les partages où la justice ne devait pas nécessairement intervenir.

L'hérédité des offices fut maintenue en leur faveur, avec tous les avantages qui s'y rattachaient.

Un édit déclara qu'après vingt ans d'exercice, ils 1674.
pourraient être autorisés par lettres du souverain à prendre le titre de notaires honoraires.

Au règne de Louis XIV appartiennent des établissements de nouvelle création, qui acquirent de l'im-
1677. portance. Alors fut introduite dans la jurisprudence
et dans la pratique des affaires la nécessité du contrôle.

1681. Il fut ordonné par arrêt de règlement que les ratures et les apostilles que l'on devait porter à la marge des actes, fussent, à l'instant, approuvées et signées par les parties, les témoins et le notaire.

Jusque-là les lois n'avaient été pour les notaires que bienveillantes et protectrices.

Lorsque d'ambitieux conseillers, jaloux de conserver leur influence et leur crédit à la cour, eurent encouragé le monarque, dont ils flattaient le zèle superstitieux, à conquérir les consciences par la terreur, on vit les rigueurs de la persécution se déployer contre les fonctionnaires attachés au culte réformé.

La révocation de l'édit de Nantes, mesure impolitique et désastreuse, opéra dans le royaume une révolution dont les suites funestes se firent long-temps sentir.

1682. Les protestants formèrent une classe de proscrits que l'on priva de toute participation aux emplois. Ceux qui étaient notaires furent contraints à se démettre de leurs fonctions, et les candidats qui allaient entrer dans cette carrière en furent éloignés sans pitié. Poussant à l'excès une législation exceptionnelle et tyrannique, on leur refusa la triste consolation d'occuper auprès des juges, des avocats, des procureurs, des notaires, des huissiers et des praticiens, le poste de simples clercs.

L'institution notariale inspira dans la suite des mesures qui devaient contribuer au perfectionnement de ses formes, à la consolidation de ses garanties.

La communauté des notaires de Paris fut confirmée dans la faculté de tenir des assemblées et de prendre des délibérations.

Les conventions devaient présenter un corps com- 1685.
plet d'écriture, sans blancs, sans chiffres, sans notes ni abréviations. On ne pouvait employer pour témoins les enfants, les clercs, les domestiques des notaires.

Les notaires-secrétaires du roi qui, dans l'origine, durent se confondre, à quelques égards, avec les notaires rédacteurs des contrats, offrirent d'une manière plus frappante et mieux dessinée les traits caractéristiques qui leur étaient propres. On comprit comment s'étaient formés les secrétaires d'état. Ils eurent pourtant encore ceci de commun entre eux, que les contrats de mariage reçus par les secrétaires du roi, en présence du monarque, avaient la même force que s'ils étaient passés devant notaires.

Une amélioration importante, destinée à garantir 1695.
le sort et la conservation des contrats, fut opérée par un édit qui obligea les notaires à garder minute de leurs actes. Et, à ce propos, il fut statué que les testateurs étaient libres de retirer des mains des notaires les minutes de leurs testaments.

Un arrêt du conseil imposa l'obligation de réper- 1695.

torier tous les actes notariés, soit qu'ils fussent reçus en minute, ou délivrés en brevet [1].

Un autre statua que tout contrat de mariage, toute quittance de dot et décharge, devaient être passés devant notaire, à peine de perdre les privilèges et hypothèques accordés en cette matière.

Exactitude et régularité; tels étaient les préceptes dela loi sur les devoirs des notaires.

1699. Aussi leur avait-on prescrit de ne signer et faire signer les actes qu'après que la date en aurait été remplie. Il leur était de plus défendu de délivrer des grosses et expéditions avant l'accomplissement de la formalité du contrôle. Les renvois devaient être paraphés par l'employé du fisc.

1703. D'autres dispositions qui touchaient de près à l'intérêt public, à la fortune des citoyens, avaient chargé les notaires et les parties du soin de faire insinuer la plupart des contrats [2].

1706. Des notaires-syndics furent créés pour signer en second les actes de leurs confrères. Ils furent affranchis de toute responsabilité, et n'étaient tenus de rendre compte que de leur participation aux actes qu'ils avaient eux-mêmes retenus comme notaires.

---

[1] Voy. l'Ord. de juin 1680, qui établit l'usage des répertoires notariaux.

[2] Voy. l'Edit de mai 1645, portant que tous actes, contrats et testaments contenant donation, seront insinués dans les quatre mois de leur date.

On leur attribua la garde des sceaux avec le titre de conseillers du roi.

Les fonctions que les commissaires-priseurs exerçaient dans les ventes de meubles furent réunies aux prérogatives de la communauté des notaires royaux. 1713.

Un arrêt du conseil décida que ces officiers avaient une créance privilégiée contre les parties pour le recouvrement des frais de contrôle.

L'histoire législative de ce siècle nous offre d'ailleurs des documents d'une importance secondaire pour le notariat, des règlements d'administration ou de jurisprudence, qui intéressaient spécialement le trésor royal. Telles furent quelques dispositions particulières sur le contrôle, l'insinuation, le timbre et les sceaux, toutes choses qui rappellent les embarras financiers, les revers et le désordre qui marquèrent les dernières années d'un règne d'abord environné de tant d'éclat.

La législation conserva sous Louis XV sa marche imposante, dans les principales ordonnances de cette époque, grâce aux vives lumières que d'illustres chanceliers répandirent sur les diverses branches du droit civil. 1715.

Ce règne vit éclore, sur le notariat, quelques dispositions dignes d'intérêt.

Le premier acte du nouveau roi fut de supprimer cette multitude d'officiers qu'on avait introduits sous le titre de conseillers, notaires et secrétaires, soit au 1716.

parlement, soit dans la chambre des comptes, dans les cours des aides et des monnaies, au grand conseil, aux requêtes de l'hôtel et du palais, aux conseils supérieurs et provinciaux, aux bureaux des finances et autres juridictions.

Un arrêt de règlement indiqua les mesures à prendre pour la conservation et la transmission des minutes des notaires.

Les offices des notaires-syndics, créés pour signer les actes en second, furent supprimés. L'ancien état des choses fut par là rétabli. Chaque notaire pouvait s'adresser à celui de ses confrères qui lui convenait pour la signature de ses actes.

1719. Un édit indiqua la manière de constater les ratures dans les actes. Elles devaient consister en un simple trait de plume passant sur les mots.

Par arrêt du conseil fut appliqué le principe de responsabilité civile qui pèse sur les notaires, en cas de nullité pour cause d'inobservation des ordonnances.

Depuis que les notaires avaient été soumis à l'obligation de garder minute des actes et de les consigner dans leurs registres, on avait senti la nécessité d'admettre des exceptions en faveur d'actes simples, de peu d'importance, d'un fréquent usage et d'une prompte exécution. C'était une catégorie à déter-
1723. miner avec précision. Une déclaration signala le caractère et la nature des actes que les notaires furent autorisés à délivrer en brevet aux parties.

Le droit de recevoir en dépôt les testaments olographes et d'en délivrer des expéditions, fut confirmé sur la tête des notaires auxquels il était contesté.

Un débat s'était aussi élevé entre les officiers de justice et les notaires, au sujet des partages ordonnés devant les tribunaux. Il fut vidé par arrêt du parlement de Paris, par arrêt du conseil et par lettres-patentes, qui maintinrent les parties intéressées dans le droit d'employer les notaires, lorsqu'elles voudraient procéder volontairement, nonobstant les jugements qui auraient ordonné le partage.

Des règlements généraux de police, faits pour la principauté de Joinville, portaient inhibition aux notaires de passer aucun contrat volontaire, les jours de dimanche et de fête, excepté les testaments et autres actes requérant célérité.

Cette attention religieuse à faire respecter le jour du Seigneur, perdit de sa sévérité dans la suite. Il était reçu dans la pratique que le notaire pouvait, les jours fériés, recevoir toute sorte d'actes, à l'exception des inventaires et des compulsoires.

Une question vivement controversée jusque dans 1749.
ces derniers temps, fut résolue par arrêt de règlement du parlement de Toulouse et par le conseil d'état, qui décidèrent que les testateurs pouvaient exiger des notaires la remise des dispositions de dernière volonté qu'ils avaient faites devant eux.

Pour faire cesser la résistance de quelques praticiens qui, au mépris d'anciennes ordonnances, s'obstinaient à distinguer les notaires des tabellions, un

1764. nouvel édit supprima ces derniers offices et déclara qu'ils seraient réunis aux premiers.

Ainsi prévalut le titre de notaire que l'usage avait depuis long-temps consacré. Dans la jurisprudence romaine et en France, tant qu'on imita les coutumes du peuple législateur, le notaire n'était, en quelque sorte, que le clerc du tabellion. Celui-ci était le véritable fonctionnaire public. Peu à peu l'importance des tabellions s'affaiblit. Le titre de notaire prit faveur, et ce fut à lui qu'on s'attacha pour désigner les rédacteurs et les gardiens des conventions civiles.

Il ne devait donc plus y avoir que des notaires dressant les minutes des actes, les mettant au net, les conservant dans leurs registres, les délivrant aux parties, en grosse ou en brevet.

Pour compléter le tableau de ce règne, ajoutons que des mesures furent adoptées touchant la formalité du sceau, l'insinuation et le contrôle des actes.

1774. S'il suffisait d'apporter sur le trône des intentions pures, le zèle du bien, un ardent amour pour la justice et l'humanité, l'histoire des peuples n'offrirait pas de souverain plus puissant et plus révéré que Louis XVI. Jamais monarque n'eut commandé à une grande nation avec plus de bonheur et de gloire.

Les premières années de son règne furent consacrées à raffermir les institutions que le temps avait éprouvées et les parties les plus essentielles de l'administration publique.

Le notariat ne participa que faiblement à la législation de cette époque. On regardait peut-être les règles établies comme suffisantes pour assurer le sort des conventions.

Quelques garanties furent ajoutées à celles qui existaient déjà relativement à la capacité des notaires. Plusieurs fois on avait proclamé que l'instruction, unie à la pratique, était une condition nécessaire; mais on n'avait rien prescrit pour assurer l'accomplissement d'un tel vœu. Cette lacune fut remplie par
un arrêt de règlement qui soumit les candidats à des 1779.
travaux préparatoires, en qualité de clercs chez un notaire. Cette espèce de noviciat reçut le nom particulier de stage.

D'un autre côté, par des motifs de convenance et d'intérêt général, les fonctions de notaire furent déclarées incompatibles avec celles de procureur. On jugea qu'il n'était pas facile d'occuper à la fois deux postes aussi importants, sans compromettre la sûreté de l'un ou de l'autre. On pouvait craindre aussi qu'il ne se glissât quelques abus dans l'exercice simultané de deux professions intéressées à se faire des sacrifices réciproques.

Un autre arrêt imposa aux notaires l'obligation d'avertir le ministère public des legs pieux dont ils auraient connaissance. C'était un soin commandé par la justice et l'humanité. Les legs de cette nature passaient souvent inaperçus et tombaient en oubli.

Leur exécution n'était pas réclamée, parce que les administrateurs qui auraient pu la poursuivre, n'étaient pas informés de l'existence des actes qui y donnaient lieu.

C'est là tout ce que fit le gouvernement de Louis XVI pour le notariat. La pensée du roi, l'attention de ses ministres étaient absorbées par les embarras, les besoins et les dangers, triste héritage des règnes précédents.

Les monuments de cette époque contiennent l'expression des sentiments nobles et généreux qui animaient le prince, et qui, en des temps meilleurs, auraient assuré le bonheur des Français.

Il encourut néanmoins le grave reproche d'avoir rétabli la vénalité des offices que Louis XV avait fait fait disparaître des cours souveraines; mais les nécessités publiques étaient si pressantes! Et le monarque trouvait si peu de ressources dans les moyens ordinaires de l'administration, si peu de concours et d'appui dans les grands corps de l'état!

Parvenus à la fin du gouvernement monarchique, époque de rénovation universelle, jetons un dernier regard sur cette vénalité des offices qui excita tant de plaintes; considérons dans un tableau d'ensemble son origine, sa marche et ses progrès jusqu'au jour où elle mêla ses débris aux débris de nos vieilles institutions, et n'oublions pas que le caractère de réprobation que lui imprimèrent les jurisconsultes et les philosophes, s'attachait aux offices de finance et de judicature. Pour les autres, les tabellionages, par exemple, ils étaient depuis long-temps réputés domaniaux. Le gouvernement en avait la libre disposition.

Suivant l'opinion générale, la vénalité des offices était inconnue dans les anciennes républiques de la Grèce et de l'Italie [1]. Ce n'est pas que les élections populaires eussent conservé le noble caractère d'indépendance et de vertu qui présidait au choix des magistrats et des officiers dans les beaux jours de la liberté naissante. A Rome, l'intrigue et la corruption, se montrant à découvert, assignaient les rangs et disposaient des places, au grand scandale des gens de bien.

La vénalité avait pénétré dans les mœurs des Romains dégénérés ; mais la législation, pure des excès dont elle ne pouvait arrêter le débordement, ne consacra jamais par son auguste sanction le honteux trafic des dignités et des emplois.

On tenta, dit M. Merlin, d'introduire en France la vénalité des offices, sous le règne de Saint Louis. Les prévôtés, les vigueries et les vicomtés furent baillés à ferme.

Philippe-le-Bel autorisa ouvertement cette manière de tirer de l'argent des offices.

Louis-le-Hutin suivit les traces de son prédécesseur, sans avoir égard aux doléances des états de Picardie.

---

[1] Merlin, Rép., v° Office.

La vénalité fit de nouveaux progrès sous les règnes de Philippe-le-Long et de Jean.

Charles V, devenu roi, fit exécuter l'ordonnance qu'il avait rendue comme dauphin-régent, contre la vénalité des charges.

Mais cet abus fut rétabli au milieu des désordres qui agitèrent le règne de Charles VI. Seulement, le commerce des offices, pratiqué au profit du domaine, fut interdit aux particuliers.

Charles VII imita l'exemple de son aïeul et condamna la vénalité.

Louis XI ne respecta rien. Il soumit les officiers à un emprunt forcé, et il les destituait en cas de refus.

Charles VIII rendit aux charges de judicature leur considération et leur dignité, en les affranchissant de la vénalité. Il n'autorisa la mise en ferme que pour les amendes et les exploits.

Louis XII maintint cet ordre de choses, qui n'avait pas été toujours respecté. Lui-même y porta atteinte par la vente des offices de finances. Il se repentit de son erreur et témoigna le regret de s'être laissé entraîner par le mauvais état des affaires publiques.

La vénalité prit un essor plus hardi sous François Ier qui la protégea publiquement. Alors fut établi le bureau des parties casuelles, où l'on versait le prix que le trésor royal retirait des offices. Le repentir ramena le monarque à l'observation de l'ordonnance de Charles VIII.

Henri II proclama sans ménagement le système de la vénalité.

Touché des plaintes des états d'Orléans, Charles IX rétablit les élections pour les offices des cours souveraines; mais, plus tard, il sanctionna le commerce des places, moyennant un droit de mutation.

Henri III adopta d'abord le plan de réforme présenté par les états de Blois, et supprima la vénalité. Il la rétablit ensuite, et c'est lui que l'histoire accuse des désordres qui éclatèrent à ce sujet.

Henri IV entretint la vénalité à laquelle il donna toute consistance par l'établissement du droit annuel appelé la *paulette*.

Sous les règnes de Louis XIII et de Louis XIV, la vénalité ne perdit rien de son influence et de son autorité.

Louis XV la fit disparaître des cours souveraines; mais cette amélioration ne fut pas de longue durée.

Les effets de la vénalité furent de nouveau consacrés sous le règne de Louis XVI.

Ainsi, la vénalité avait envahi toutes les charges, tous les offices, malgré les réclamations des états-généraux et les remontrances du parlement.

Une si grande révolution ne s'était pas opérée sans apporter quelque confusion parmi ceux-là même qui en avaient préparé le succès. On essayait par des fictions et des subtilités de maintenir une sorte de légalité. Distinguant l'office de la finance, les praticiens disaient que les deniers versés au trésor pouvaient seuls être la matière d'un traité; que l'office était hors du commerce et que le roi exerçait dans toute sa plénitude le droit d'institution, après le décès ou la démission du titulaire ; mais, comme la nomination du successeur devait être accompagnée d'un titre conférant la propriété de la finance, à tel point que le monarque ne pouvait pas choisir un candidat qui n'avait pas l'assentiment du titulaire ou de ses héritiers, il était rigoureusement vrai de dire que les charges se transmettaient à prix d'argent.

Voilà quelle fut parmi nous la destinée des offices. Tel était, en particulier, l'état de l'institution notariale, lorsque le pouvoir royal, attaqué de toutes parts, succomba au milieu des débris de 89 et de 90.

L'histoire a dit quel mélange de biens et de maux a été la suite de cette grande commotion politique.

Un de ses bienfaits les plus signalés fut la réforme et l'uniformité des lois.

Le notariat devait subir l'empire des événements, être entraîné dans le torrent dont les flots emportèrent les monuments de l'ancienne monarchie, et sortir ensuite du sein de la tempête sous un nouveau titre et des formes nouvelles.

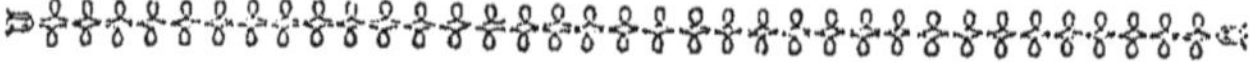

TITRE III.

DU NOTARIAT EN FRANCE, DEPUIS LA RÉVOLUTION DE 1789 JUSQU'A LA LOI ORGANIQUE DU 25 VENTOSE AN XI (16 MARS 1803).

PREMIÈRE ÉPOQUE.

LÉGISLATION DE 1791.

La révolution était faite. Le 14 juillet 1789, qui 1789.
éclaira les ruines de la Bastille et la grande victoire de l'insurrection populaire, avait fixé l'avenir de la France. La nation avait proclamé sa souveraineté : elle avait décidé en fait les questions constitutionnelles qu'une assemblée célèbre allait résoudre en droit sous des formes solennelles. Pendant la mémorable nuit du 4 août, tous les ressorts des grands pouvoirs de l'état s'étaient relâchés, prêts à se briser au premier choc. La Constituante avait arrêté l'abolition du servage et des juridictions seigneuriales, le rachat de la dîme, l'égalité des impôts, l'admission de tous les citoyens aux emplois civils et militaires, la suppression de la vénalité des offices, etc., etc.

L'intervalle de 1789 à 1791 fut marqué par quelques dispositions favorables au notariat.

1790. Les jurés-priseurs furent supprimés. La loi mit à leur place les notaires, pour les ventes des meubles.

Au nombre des documents législatifs de cette époque intermédiaire figurent les décrets sur la liquidation des offices supprimés et sur l'uniformité des poids et mesures. Les notaires étaient assujétis au nouveau système décimal dans les énonciations de leurs actes.

Il ne restait guère plus qu'à développer les théories qui substituaient le régime représentatif au régime ordinaire de la monarchie, les lois de l'égalité civile aux abus des priviléges. Ce fut l'ouvrage de quelques séances et l'objet de plusieurs décrets.

Après les conquêtes du peuple, on ne devait pas s'attendre à voir tenter des réformes partielles, de simples améliorations. Démolir pour réédifier, semblait être la maxime adoptée.

Avec de pareilles idées, le renversement des vieilles institutions était facile à prévoir. Le notariat qui s'appuyait sur elles, devait suivre leur destinée. Il se montrait avec ses formes monarchiques, ses attributs primitifs, ses distinctions et ses catégories; mais comment admettre des notaires royaux en présence d'une révolution qui dépouillait peu à peu la royauté de ses prérogatives, pour la réduire aux fonctions d'une haute magistrature? Pouvait-on reconnaître des notaires seigneuriaux, après l'abolition du système féodal? Le moyen de concilier l'existence des notaires apostoliques avec la suppression de tout ce qui constituait la puissance et l'autorité du clergé?

Ne fallait-il pas aussi que le notariat subît l'influence du principe d'uniformité que l'on voulait introduire partout, dans les sciences, dans les arts, dans les usages de la vie, notamment dans les lois où l'appelaient les vœux de tous les esprits éclairés? Ce fut jadis le rêve d'un magistrat célèbre et d'un illustre chancelier de France [1]. Le besoin s'en faisait sentir depuis des siècles. Le temps était venu où l'on pouvait, sans danger pour la paix publique, travailler à une si grande réforme.

De là, l'opportunité d'une loi qui soumît les notaires à une nouvelle organisation.

Dans ces circonstances parut le décret du 29 sep- 1791.
tembre — 6 octobre 1791, qui supprima les notaires royaux et autres, et les remplaça par une seule classe de fonctionnaires, sous le titre de notaires publics, dénomination conforme au caractère de leur mission et à la nature du pouvoir qui les instituait.

Le décret fut présenté par le député Frochot, chargé d'en exposer les motifs devant l'Assemblée Constituante, au nom des comités de constitution et de judicature.

Avant d'entrer en matière, le rapporteur crut devoir justifier l'assemblée du reproche de vouloir tout détruire pour se ménager la gloire de créer. N'était-il

---

[1] Le président de Lamoignon et le chancelier d'Aguesseau.

pas plus à-propos de dire que les révolutions politiques qui changent la face des états, ont leur tendance irrésistible et leurs impérieuses nécessités ; qu'il faut changer ce qui n'est plus en harmonie avec les besoins, les principes et les idées du moment; qu'il faut élever sur d'autres bases les institutions réclamées par la raison et l'expérience? Ce langage n'aurait pas déplu à la représentation nationale : il aurait retracé d'une manière plus exacte le tableau de la société nouvelle.

Le rapporteur fit ensuite une révélation propre à causer quelque surprise : il annonça qu'au sein de la commission avait été soulevée la question de savoir si les notaires étaient utiles, et si l'on devait les conserver. Sans se livrer à des efforts d'imagination, il n'y avait qu'à considérer la marche des transactions sociales, qu'à interroger l'histoire des peuples ; on aurait vu que partout fut proclamée l'utilité d'hommes spéciaux préposés à la rédaction et à la garde des contrats. La question alors n'eût pas été agitée par les comités, qui furent du moins assez raisonnables pour la résoudre en faveur de l'établissement du notariat.

Il était également oiseux d'examiner si les notaires devaient être rétribués par les parties qui auraient recours à leur ministère. La jurisprudence avait dès long-temps appris avec quelle répugnance furent reçues à Rome les lois qui assujétissaient les tabellions à exercer gratuitement leurs fonctions.

C'est avec raison que le député-rapporteur fit remarquer que le nombre des notaires devait être limité. La sagesse du législateur consiste à mettre ces officiers en rapport avec les besoins de la société. Hors de là, il n'y aurait que désordres, rivalités funestes et anarchie.

Un peuple qui renaît à la liberté est si ombrageux ; ses propres mandataires lui inspirent tant de défiance que ce fut en hésitant que l'orateur, organe des comités, proposa d'instituer les notaires à vie. « La » permanence, disait-il, n'a rien ici qui effraie la » liberté. » Comme si l'on n'osait pas encore déclarer hautement que la sécurité des fonctionnaires publics est un élément d'indépendance et de moralité.

A l'occasion des minutes notariales, dont la conservation et la perpétuité sont si importantes, les auteurs du projet de loi étaient revenus à des idées qui se présentèrent plus d'une fois à l'esprit des législateurs. Déjà, sous Philippe-le-Bel, la célèbre ordonnance de 1304 avait imposé aux notaires qui changeraient de résidence l'obligation de remettre leurs protocoles au sénéchal ou juge du lieu. Ce devait être l'origine des dépôts publics que l'on avait la pensée d'établir, et où se seraient réunis, à la longue, les registres des notaires d'une même contrée.

Mais il paraît que l'exécution de ce dessein fut négligée, bien que des lettres-patentes du mois d'octobre 1370 eussent déclaré que les minutes des notaires royaux décédés devaient être remises au roi.

Les obstacles qui s'étaient alors présentés, s'offrirent aux comités législatifs de 1791. La commission recula devant les difficultés qui auraient accompagné la création de ces dépôts généraux; difficultés pour leur établissement, leur surveillance et la responsabilité de leurs gardiens; dépenses pour frais d'achat de bâtiments et d'entretien; embarras dans la recherche des documents dont on aurait besoin.

Cette mesure fut repoussée par la commission même qui l'avait conçue.

Il ne restait qu'à déterminer suivant quel mode les notaires seraient nommés à l'avenir. Par le roi? Par le peuple? Ou bien par un jury composé d'hommes d'élite?

Croira-t-on que l'on contesta sérieusement au monarque le droit d'instituer les notaires, sous prétexte qu'ils ne rentraient pas dans les attributions du pouvoir exécutif? Une pareille aberration de principes ne peut survenir que dans un temps où les règles du droit public sont méconnues. La nomination aux emplois civils et militaires fut toujours dans les monarchies une des prérogatives du chef de l'Etat.

L'élection populaire avait séduit un instant les comités. Ce moyen leur paraissait la conséquence de la souveraineté nationale : il était employé dans le choix des administrateurs et des juges : il ne fut pourtant pas étendu aux notaires, et l'on fit bien.

C'était dans un concours public, le dernier moyen proposé, que les notaires devaient chercher le principe de leur institution; idée brillante en théorie, mais d'une difficile application à l'égard de fonctionnaires dont le mérite consiste à produire leurs œuvres avec prudence, dans les méditations et le silence du cabinet, plutôt qu'à briller au dehors dans un assaut où le triomphe n'est pas toujours pour la véritable capacité.

Voilà cependant le mode d'élection qu'on adopta.

L'épreuve imposante d'un concours semblait promettre les garanties, objet de la sollicitude législative. Dès lors, les aspirants au notariat furent avertis que, pour être admis à exercer ce ministère, il fallait en conquérir le titre dans un combat où l'on devait faire preuve d'esprit et de connaissances acquises. Ces luttes paisibles, où l'on n'avait pas précisément des rivaux à vaincre, mais plutôt une aptitude suffisante à établir; ces luttes devant des magistrats, des administrateurs et des notaires, en présence des habitants de la cité, durent, dans leur nouveauté, offrir un spectacle intéressant: mais l'expérience ne tarda pas à démontrer que le législateur, trompé par des illusions, s'était égaré dans sa route.

Le rapport de la commission et, après lui, la loi du 29 septembre embrassèrent d'autres objets d'un grand intérêt.

On voulait montrer que la France marchait dans les voies constitutionnelles. On attaqua de front la vénalité des offices, cette plaie de l'ancien régime, que les états généraux, les parlements et les jurisconsultes avaient signalée avec tant d'énergie. C'était le moment de réaliser les vœux des siécles passés. Jamais occasion plus propice. Au milieu d'une révolution dont rien n'arrêtait les progrès, il était permis de tenter toute sorte d'innovations.

Dans la nuit du 4 août 1789, l'Assemblée Constituante avait proclamé la suppression de la vénalité des charges de judicature.

Les officiers ministériels eurent leur tour. L'abolition en fut prononcée le 27 mars 1791.

Objet d'une loi particulière, le notariat devait être spécialement compris dans les mesures de réformation.

Il s'était fait dans les idées, comme dans les lois, des changements remarquables. Les places de notaires n'étaient plus considérées comme des emplois secondaires et domaniaux, soumis aux vicissitudes que lui faisaient éprouver les caprices d'un ministre ou les besoins du trésor royal. La révolution en fit des fonctions publiques, élevées, indépendantes et honorables.

La réforme aurait paru incomplète, si l'hérédité des offices n'avait pas suivi le sort de la vénalité. La suppression de l'une et de l'autre tenait au même principe. L'hérédité était d'ailleurs incompatible avec les formes introduites par le nouveau décret. En plaçant dans les mains d'un jury le pouvoir de nommer aux postes vacants, la loi déclarait qu'ils ne pouvaient être que le prix du mérite couronné dans un concours public.

Tout cela est résumé dans le peu de mots qui forment l'article 1er du décret du 29 septembre — 6 octobre 1791 : « La vénalité et l'hérédité des offices

» royaux de notaires, tabellions...... sont abolies. »

Destinée à fonder un nouvel ordre de choses, cette loi avait à ménager des droits acquis, des intérêts de famille, une possession sur laquelle il avait été permis de compter. Du soin de concilier le présent et l'avenir naissent dans les innovations législatives ces règlements dont la durée n'est que temporaire. Le décret de 1791 eut aussi sa partie purement transitoire. Les articles qui s'y rapportent, concernent le maintien des titulaires alors en exercice, la conservation provisoire des anciennes formes dans la rédaction des actes jusqu'à l'émission du code civil, et l'observation des ordonnances antérieures, relatives aux minutes des notaires et à leurs fonctions.

On aurait accusé le pouvoir législatif d'avoir préparé la ruine des notaires dont les titres étaient anéantis, s'il n'avait rien fait pour ces fonctionnaires, après leur suppression. Ce n'était pas à craindre d'une assemblée qui, sur le simple soupçon d'une banqueroute nationale, s'était empressée, pour manifester ses sentiments et rassurer l'opinion, de déclarer hautement par un décret, que les créanciers de l'Etat étaient placés sous la sauve-garde de la loyauté française.

Les anciens notaires avaient été pourvus moyennant finance. C'était le prix de leurs offices, versé dans le trésor public. Détruire leur établissement, les priver des avantages qui en résultaient, les éconduire sans remboursement et sans indemnité, ou bien les maintenir à la charge d'un nouveau cautionnement, c'eût été une véritable spoliation. L'Assemblée Constituante comprit qu'il y avait là des maux à réparer, de justes réclamations à satisfaire. Les derniers articles de son décret furent consacrés à régulariser un système de restitution, même en faveur des notaires qui obtiendraient une institution nouvelle. Cela prouve que la puissance souveraine doit respecter des positions faites sous la foi de la législation; cela prouve que, si, dans les révolutions qui attaquent la constitution d'un peuple, le législateur peut renverser ce qui existe, c'est à la charge de dédommager les intérêts qu'il met en souffrance et qui reposaient sur le pacte social.

Après ces observations préliminaires sur l'esprit général du décret de 1791, examinons dans les détails les dispositions peu nombreuses dont il se compose.

Les fonctions du notaire se lient à tant d'intérêts; il a tant de devoirs à remplir, que la loi, en s'occupant de ses qualités morales et de ses travaux, doit l'envisager sous différents points de vue.

Il n'a d'abord que des espérances : il est encore simple candidat. Pour être admis au concours, il doit justifier de huit années d'études chez des notaires ou des avoués, et, de plus, qu'il est âgé de vingt-cinq ans. Dans son examen, il doit faire preuve d'intelligence et d'instruction sur les matières du droit notarial et sur la rédaction des actes.

Proclamé capable par le jury, installé au poste qu'il ambitionnait, il ne peut entrer en fonctions qu'après avoir donné des assurances de fidélité, par un serment conçu en des termes d'une imposante simplicité. « Je jure sur mon honneur d'être fidèle à » la constitution et aux lois du royaume, et de rem- » plir mes fonctions avec exactitude et probité. »

Il est tenu de réaliser des garanties pécuniaires, en cas de malversation, et de faire connaître sous quelle forme il tracera sa signature et son paraphe.

En entrant dans la carrière qu'il est appelé à parcourir, il sait combien la loi lui accorde de confiance et d'autorité : il n'ignore pas que ses actes, élevés au privilége de l'authenticité, seront exécutoires dans tout le royaume, nonobstant l'inscription de faux, pourvu qu'ils portent la formule prescrite : il sait qu'il a été institué à vie, et qu'il ne pourra être dépouillé de son office que pour cause de prévarication préalablement jugée, principe fécond d'honneur et d'indépendance, qui a porté si haut la réputation des fonctionnaires et des magistrats français : la loi l'avertit qu'il ne doit refuser son ministère à personne, hors le cas d'empêchement légitime; mais aussi qu'il doit se mettre en garde contre les piéges de la fraude et de l'imposture; que pour éviter de funestes surprises, il lui est interdit d'instrumenter pour des parties dont il ne connaîtra pas le nom, l'état et la demeure, à moins que leur identité ne lui soit attestée par des témoins certificateurs; qu'il est tenu de résider dans le lieu où il a été placé, et qu'il ne pourra franchir les limites de son département.

Le notaire a-t-il cessé de remplir ses fonctions? La

conservation de ses minutes, dépositaires de la fortune des citoyens, devient aussitôt l'objet de la sollicitude du législateur. La garde de ce précieux dépôt est confiée à un officier du même ordre, le plus rapproché des familles intéressées à consulter ses archives.

Si l'on avait eu l'intention de faire une loi complète sur le notariat, le décret de 1791 serait resté loin du but qu'il devait atteindre. On sent que quelques articles, en bien petit nombre, ne pouvaient pas suffire aux besoins d'une institution qui embrasse tant d'intérêts divers et dont l'importance se révèle dans chacun de ses rapports avec la société.

Aussi l'organe de la commission déclara-t-il qu'on ne voulait pas détruire tout-à-fait l'ancien ordre de choses, pour en créer un entièrement nouveau. Il reconnut que de toutes les institutions des temps passés, celle des notaires était la moins défectueuse.

Le nouveau décret n'était donc, à proprement parler, qu'un essai qui devait servir de transition à une législation plus parfaite.

DEUXIÈME ÉPOQUE.

DE 1791 A 1803.

1791. Ce qui fut fait depuis le décret de 1791, mérite d'être noté, quoique les actes que nous avons à signaler ne soient pas d'une grande importance.

L'incompatibilité des fonctions notariales avec celles d'avoué, de greffier et de receveur des contributions publiques, avait été proclamée. De nouveaux décrets maintinrent la prohibition du cumul, en y ajoutant les fonctions de juge de paix.

La liquidation des offices supprimés avait aussi fixé l'attention de l'Assemblée Nationale, sous un point de vue général. Les notaires furent renvoyés à l'exécution des décrets portés à ce sujet en 1790.

Une mesure utile pour la constatation et la recherche des conventions avait soumis les notaires à la tenue d'un répertoire destiné à offrir toutes les indications nécessaires. Un décret exigea, sous des peines 1793.
sévères, que les répertoires fussent cotés et paraphés par les administrateurs des directoires de département. Il est vrai que ce fut une disposition politique et de circonstance, pour empêcher les émigrés de dissimuler leur véritable situation et de dérober à la connaissance du gouvernement la consistance réelle de leur fortune; mais l'obligation de tenir répertoire, de le faire coter et parapher, resta comme garantie d'exactitude et de régularité, de la part des officiers ministériels et des fonctionnaires publics.

On continua de s'occuper de l'uniformité des poids et mesures, pour en introduire l'usage exclusif dans le commerce et dans la pratique des affaires.

Le nouveau régime devait aussi se montrer dans la rédaction des actes publics. On ne pouvait y reproduire aucune trace des qualifications supprimées par les décrets.

Les changements de législation jettent toujours quelque perturbation dans les habitudes sociales. On y porte remède par des mesures de tolérance. En traçant autour des notaires une circonscription territoriale, en leur imposant l'obligation de ne pas franchir les limites de leurs départements respectifs, la loi ne subordonna point la validité des actes à l'observation de ce devoir : elle prononça seulement des peines contre les fonctionnaires, sans nuire à l'efficacité des contrats.

On trouve dans les monuments de cette époque un exemple frappant de bienveillance et d'intérêt. Un notaire fut autorisé à signer, en remplacement de son confrère décédé, un acte que celui-ci n'avait pas signé après l'avoir reçu.

D'un autre côté, la démission ou la retraite de quelques notaires laissait dans un état d'abandon des postes qu'il était urgent de remplir. On ne pouvait, sans inconvénient, attendre qu'il y fût pourvu par les voies lentes de l'élection ordinaire. Les directoires de district furent provisoirement investis du pouvoir de nommer aux places vacantes ; mais plus tard, sur les plaintes élevées contre les abus des administrations locales, les choix faits par elles furent soumis à une scrupuleuse investigation. Le gouvernement demanda aux commissaires du directoire exécutif, des états indiquant la moralité, le degré d'instruction, les principes et la conduite politique des citoyens admis à l'exercice du notariat.

Jusqu'alors cette institution, bien que placée sous

la surveillance de l'administration publique, avait flotté, incertaine du point vers lequel devaient se diriger ses réclamations ou ses besoins. Il convenait de lui assigner un rang dans la distribution des travaux dévolus aux agents immédiats du pouvoir exécutif : il convenait de la placer sous le patronage de celui des ministres qui se rapprochait le plus de la mission qu'elle avait à remplir, du caractère et de la nature de ses actes. Une loi du directoire déclara que le 1795.
notariat était compris dans les attributions du ministère de la justice.

Parmi les prérogatives accordées aux notaires, le décret de 1791 leur avait reconnu le droit de représenter dans les inventaires, ventes, comptes, partages et autres actes de cette espèce, les absents qui n'avaient pas laissé de procuration spéciale et authentique, sous la condition de ne pas instrumenter en même temps dans ces opérations. Le Conseil des Cinq-Cents confirma ce pouvoir, en décidant qu'il n'y 1796.
avait pas lieu d'interpréter le décret.

Quelques articles de cette loi, relatifs au dépôt et à la conservation des minutes, avaient été mal observés. De nouvelles prescriptions furent placées sous la responsabilité des commissaires près les tribunaux civils (aujourd'hui les procureurs du roi).

Les notaires furent confirmés dans l'exercice du droit de faire les prisées et ventes de meubles, concurremment avec les greffiers et les huissiers. Il fut interdit à tous autres d'y procéder.

Défenses furent faites aux juges de paix de s'immiscer dans les fonctions notariales, sous prétexte de la comparution volontaire des parties et d'une prorogation de juridiction.

Au milieu de ces faveurs accordées aux notaires, ils ne devaient pas être satisfaits de leur sort. La dignité de leur ministère n'était pas encore pleinement appréciée. Une loi, qui maintint la contribution des patentes, rangea les fonctions notariales dans la classe des professions industrielles. Les notaires furent soumis au même impôt que les marchands d'étoffes, les architectes, les orfèvres, les apothicaires et les restaurateurs, avec lesquels ils furent confondus.

Ils obtinrent dans la suite l'exemption de la patente;
1800. mais ils furent assujétis à un cautionnement. Il serait utile, sans doute, pour le repos des familles, de trouver dans l'établissement des officiers et des fonctionnaires publics des garanties qui fussent assez puissantes pour les retenir dans le devoir, soit par le sentiment de leur propre intérêt et de la considération qui les environne, soit par la crainte des dangers que produisent de funestes égarements. Ces garanties existent-elles dans les lois qui imposent aux actes publics la formalité de l'enregistrement, ou qui commandent un dépôt de fonds à titre de cautionnement? Non, sans doute. Le visa d'un agent de l'administration des domaines n'ajoute rien à l'énergie, à la sincérité d'un acte public; et le cautionnement en espèces est, en cas de prévarication, une faible ressource pour les personnes lésées. Les véritables garanties, les garanties rassurantes seront

dans les travaux, l'application et la bonne conduite des aspirants, dans les mœurs, l'expérience et la capacité des notaires, dans l'action forte et soutenue des chambres de discipline, dans la surveillance éclairée de l'autorité supérieure.

Mais, puisque des lois existent, il faut les respecter et s'y soumettre. Les notaires doivent les connaître, pour avertir les parties de la contribution qui pèse sur leurs transactions, et pour eux-mêmes, quand il s'agit de leur cautionnement.

L'enregistrement n'est pas d'origine moderne. Il fut établi, sous le titre de contrôle, vers la fin du seizième siècle. Depuis la révolution, la première loi qui s'en occupa est de 1790. Modifiée par un décret de l'an IV, elle fut revisée deux ans après, à l'occasion du budget de l'état. Enfin parut la loi du 22 frimaire an VII, qui, combinée avec celle du 27 ventôse an IX et autres postérieures, forme encore aujourd'hui une des principales bases du système financier de la France, en matière d'enregistrement.

L'obligation des cautionnements pour les notaires remonte à une époque éloignée : elle date du règne de Philippe-le-Bel. Reproduite sous l'Assemblée Constituante par le décret de 1791, elle se montra sous le consulat dans une loi de l'an VIII. Des instructions furent publiées ensuite pour régulariser cette partie des services publics. On attacha une sorte de peine à la contravention des notaires qui instrumenteraient sans préalable cautionnement. Ce fut un avis du conseil d'état qui décida que la contrainte par corps pourrait être employée contre eux.

Le gouvernement consulaire qui ne signala sa mission législative, par rapport au notariat, que par quelques dispositions sur la nécessité du cautionnement, termina son œuvre par cet acte de rigueur.

Ainsi demeura constitué le notariat, improvisé par l'Assemblée Nationale au milieu des premiers orages de la révolution, et faiblement protégé par les pouvoirs qui se succédèrent dans l'espace de quelques années.

A cette époque, déjà remarquable par le progrès des lumières, le besoin d'une entière régénération se faisait sentir. L'intérêt public la réclamait. Elle était réservée à un avenir peu éloigné, à un gouvernement plein de force et de vie, aux efforts réunis d'hommes distingués par leurs talents, plus encore que par leurs éminentes dignités.

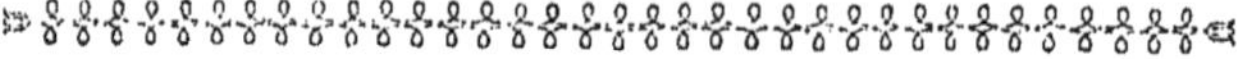

TITRE IV.

DU NOTARIAT SOUS L'EMPIRE DE LA LOI ORGANIQUE DU 25 VENTOSE AN XI (16 MARS 1803), ET DES AUTRES ACTES LÉGISLATIFS QUI FORMENT MAINTENANT AVEC ELLE LE DROIT NOTARIAL DE LA FRANCE.

PREMIÈRE ÉPOQUE.

NOUVELLE ORGANISATION DU NOTARIAT.

LOI DU 25 VENTÔSE AN XI (16 MARS 1803).

La loi du 16 mars 1803, sur le notariat, est du 1803.
nombre de celles qui, après les derniers excès de l'anarchie révolutionnaire, rendirent à la France ébranlée par de longues agitations, le calme et la sécurité dont elle avait un si grand besoin.

Nous étions alors sous le prestige des glorieux triomphes qui attestaient l'héroïque valeur d'un peuple résistant, seul, aux attaques de toute l'Europe conjurée contre lui. Du sein des orages politiques étaient sortis, comme par enchantement, des hommes d'un mérite supérieur. Le chef de la république, guerrier célèbre et grand législateur, réunissait autour de lui les illustrations de son époque. Il s'en servait pour la composition de ses conseils, et pour imprimer à ses conceptions la vie et le mouvement.

Les projets de loi subissaient l'épreuve de discussions approfondies où brillait souvent, par des traits de lumière, le génie du premier consul. C'est ainsi que furent préparés ces codes immortels que plusieurs peuples ont adoptés avec empressement. C'est par eux, autant que par ses victoires et ses conquêtes, que la France est devenue la grande nation des temps modernes.

Une partie des titres dont se compose notre code civil était promulguée, lorsque la réformation du notariat fut mise à l'ordre du jour. Le décret de 91 n'était pas en harmonie avec les besoins du siècle qui venait de commencer son cours. Depuis quelques années, une loi d'organisation était l'objet de tous les vœux. Le projet en avait été conçu plusieurs fois. Des circonstances particulières en avaient empêché l'exécution.

Enfin, le 14 ventôse an XI, le gouvernement proposa le plan d'un décret qui fut communiqué le 16 au Tribunat. Une commission, prise dans ce corps, chargea M. Favard de Langlade, un de ses membres, de présenter un rapport sur les dispositions du projet. Le tribun s'acquitta de sa tâche avec talent : il exprima une estime profonde pour le notariat et toute sa sollicitude pour la prospérité de cette institution.

Devant le corps législatif, le projet de loi eut pour défenseur un des conseillers d'état les plus recommandables, M. Réal, qui parut à la tribune en qualité de commissaire du gouvernement. On peut voir dans l'exposé des motifs par lui développés quelle haute opinion il avait de la dignité, de l'importance et de l'utilité des fonctions notariales.

A la lecture de son discours qu'on peut regarder comme l'image de la tendance législative de cette époque, on est frappé de l'intérêt que le sort des notaires et de leurs familles inspirait aux organes du pouvoir. Certes, on ne songeait pas à rétablir l'hérédité ni la vénalité des offices. L'anathême lancé contre elles, en 1791, du haut de la tribune nationale, n'avait rien perdu de son énergie. Elles étaient toujours regardées avec défaveur. On n'aurait pas osé les introduire dans une proposition de loi. Le premier magistrat de la république, ce jeune consul qui rêvait les honneurs de l'empire, la gloire et la couronne de Charlemagne, se serait opposé à une mesure qui, affaiblissant son autorité, aurait contrarié ses vues d'agrandissement et de domination absolue.

Pour ménager en même temps les sympathies de l'opinion qui paraissait favorable à l'avenir du notariat, et les répugnances qu'excitait encore le souvenir de la transmission libre des offices, M. Réal invoquait un système de conciliation : il reconnaissait bien qu'au pouvoir exécutif appartenait l'institution des notaires ; mais il exprima le vœu qu'on laissât à ces fonctionnaires une certaine influence sur le choix de leurs successeurs. En un mot, le droit de présentation se montrait dans le lointain, comme une amélioration que l'état de la société réclamait. « C'est aussi, disait-il, une propriété, sans doute, » que cette confiance méritée, que cette clientelle » acquise par une vie entière consacrée à un travail » opiniâtre et pénible ; mais si, dans la place qu'il » occupe, le fonctionnaire ne peut jamais espérer de » pouvoir, en aucune manière, disposer de cette » propriété ; s'il ne peut avoir aucune influence, » même indirecte, sur la disposition qui en sera faite ; » si, comme dans le système du concours, il est » convaincu que toutes les peines qu'il se donne ne » profiteront qu'à lui seul ; que jamais son fils ou » l'homme dont il aura soigné l'instruction, qui aura » secondé ses travaux, agrandi ses succès, ne pour- » ront retirer le moindre profit de ses veilles, il se » regardera comme un simple usufruitier, et il ex- » ploitera son emploi comme l'usufruitier exploite » la terre dont un autre a la nue-propriété. Le con- » cours enlevait ainsi aux notaires un des plus grands » motifs de travail et d'émulation, une des plus dou- » ces consolations de la vie, et peut-être le lien le » plus fort qui puisse attacher l'homme à la probité, » à sa réputation............ »

Dans ce langage plein de franchise, où l'orateur marquait le mouvement et la direction des esprits, on doit reconnaître les dispositions généreuses que le notariat aurait rencontrées, s'il eût été convenable de soulever dès-lors la question de la vénalité ou de l'hérédité des offices ; mais il fallait se contenter d'espérances qui se réalisèrent quelques années après.

Ainsi se préparait devant le corps législatif la loi 1803.
organique du 25 ventôse an XI, qui fut le résultat de profondes méditations. Elle ne constitue pas un droit tout nouveau, une institution tellement moderne qu'on n'y retrouve quelque chose des lois antérieures. On remarquera que les législateurs de 1803 puisèrent fréquemment dans les anciennes ordonnances de nos rois et dans la jurisprudence des parlements. Le décret de 1791 fournit aussi son contingent.

De précieux documents existaient, dépouilles du passé, dont la génération présente devait s'enrichir ; mais il fallait mettre en ordre, façonner et polir ces éléments divers, les adapter aux progrès de l'art, les disposer d'après un nouveau plan qui donnât à l'édifice un caractère d'homogénéité nécessaire surtout dans les ouvrages de législation.

Le premier soin devait être de ramener tous les notaires au principe de l'unité, pour en former une seule classe d'officiers, tenant leurs pouvoirs de la même autorité, exerçant le même ministère et ne représentant qu'une seule institution. La loi de 91 avait donné l'exemple, en supprimant tous les anciens notaires, pour revêtir du titre de notaires publics et ceux qui les remplaceraient et ceux qui continueraient leurs fonctions.

L'Assemblée Constituante avait proclamé des maximes qui méritaient de survivre à sa puissance : l'institution de notaires à vie ; le caractère de fonctionnaires publics ; l'authenticité attachée à leurs actes ; la force exécutoire qui en résulte ; la nécessité de la résidence ; l'incompatibilité de certains emplois avec les fonctions de notaire ; la convenance d'un serment ; la sollicitude apportée au dépôt et à la conservation des minutes ; voilà quels objets avaient fixé l'attention des représentants de la France, au commencement de la révolution, et se recommandaient à la protection du gouvernement consulaire.

Ces dispositions passèrent dans la nouvelle loi.

Les monuments de l'ancienne monarchie renfermaient aussi des matériaux que l'on pouvait employer utilement. Tels étaient les ordonnances ou les arrêts sur les conditions exigées des candidats, sur l'obligation de déposer la signature et le paraphe, avant d'entrer en fonctions, sur les devoirs et la conduite des notaires, sur les limites dans lesquelles leur pouvoir d'instrumenter était circonscrit, sur l'obligation de résider aux lieux indiqués par l'administration, sur les garanties dont ils devaient s'environner, par l'assistance d'un second notaire ou de deux témoins, sur les précautions à prendre pour éviter les piéges et les surprises, sur les formes extérieures des contrats, leurs énonciations et leur contexture, sur la discrétion à observer dans la communication des minutes, sur l'usage de la grosse des contrats, sur la distinction des actes en minutes ou en brevets, sur la nécessité des répertoires. Tout cela fut conservé par la loi de ventôse, avec quelques modifications.

A son tour, le législateur de 1803, entrant dans la voie des innovations, et considérant d'un point de vue élevé une institution si digne d'intérêt, marqua son passage par des travaux importants.

L'authenticité des contrats et leur force exécutoire avaient été définies d'une manière incomplète. Il fut expliqué que leur effet ne pourrait être paralysé que par une inscription de faux principal, suivie de la déclaration affirmative du jury d'accusation, et qu'en cas de faux incident civil, les magistrats seraient investis d'un pouvoir discrétionnaire.

Les notaires étaient exposés à instrumenter pour des individus frappés d'interdiction, ou pourvus d'un conseil judiciaire, c'est-à-dire pour des personnes incapables de contracter. Pour diminuer cet inconvénient, si l'on ne pouvait le faire disparaître entièrement, il fut prescrit aux notaires de tenir dans leurs études une affiche indicative des jugements d'interdiction dont la remise devait leur être faite.

La sagesse de ces dispositions s'aperçoit au premier examen. Il en est une autre bien plus remarquable, à laquelle nous devons consacrer quelques observations particulières. Elle forme la base du régime intérieur du notariat ; c'est l'établissement des chambres de discipline.

Le collége des tabellions, à Rome, la communauté des notaires, à Paris, n'opposaient aucune barrière aux écarts de ces officiers. Admis à l'exercice de leurs fonctions, ils étaient libres de toute entrave, affranchis de surveillance et de censure. Pourvu qu'ils ne se missent pas sous le coup de la justice répressive qui, seule, pouvait les atteindre, ils étaient à l'abri de toute recherche.

Si, dans le long intervalle qui nous sépare de la législation romaine, cet ordre de choses n'excita point de vives alarmes ; si l'on parvint ainsi au 19me siècle, le silence des lois fait l'éloge des notaires. Leur conduite, en général, avait été pure de graves désordres, exempte de blâme public.

Le vide que la loi de ventôse remplit, à cet égard, existerait peut-être encore, s'il n'avait paru convenable de proposer une loi complète sur tous les points, une loi d'organisation, destinée aux générations futures.

L'établissement des chambres de discipline était propre à seconder toutes les idées d'ordre et de moralité. Placées entre les notaires et le public, investies d'un pouvoir qui les honore et les fait respecter, exerçant une magistrature moins sévère qu'indulgente et généreuse, écoutant les plaintes, recueillant les faits, ces chambres sont les gardiennes de la dignité de leur corps et les protectrices des intérêts sociaux. Par elles se terminent à l'amiable, comme dans une réunion de famille, les débats qui pourraient faire retentir les tribunaux sur des questions disciplinaires, entre les membres de la communauté, ou sur des questions de délicatesse ou de loyauté, entre ces officiers et leurs clients.

La loi ne fit que proclamer le principe et créer le

moyen d'action, laissant à l'administration le soin de le régulariser. L'organisation des chambres de discipline fut annoncée : elle parut ensuite dans un arrêté du gouvernement.

On peut présenter ainsi, dans des tableaux de détail, l'institution des notaires, d'après la loi de 1803.

Ils exercent des fonctions publiques : ils ont des devoirs à remplir : ils peuvent invoquer les droits inhérents à leur ministère.

Mais, avant tout, pour obtenir le pouvoir qui les distingue, ils doivent se soumettre à des épreuves et justifier des conditions d'admissibilité que la loi prescrit. Un stage de quatre ou de six années, dans les cas ordinaires; un certificat de moralité et de capacité, délivré par la chambre de discipline; la jouissance des droits de citoyen; être majeur de 25 ans; avoir satisfait aux lois sur le recrutement de l'armée; telles sont les garanties qui doivent accompagner la demande du candidat. Pour sa nomination, il faut qu'il s'adresse au chef de l'état, en qui résident l'autorité suprême, le pouvoir exécutif.

La prestation d'un serment de fidélité, le dépôt de la signature et du paraphe constituent les formalités de l'installation du notaire : après cela, il peut commencer ses travaux.

Alors s'ouvre pour lui une vaste carrière. Institué pour les besoins de la société, élevé au rang de fonctionnaire public, il reçoit tous les actes et leur imprime le cachet de l'authenticité. Il ne doit refuser à personne son ministère ; mais, pour l'exercer légalement, il est tenu de se renfermer dans les limites de son ressort : il faut aussi qu'il réside dans le lieu qui lui a été assigné.

Le notaire ne peut cumuler ses fonctions avec celles de juge, de procureur du roi, de substitut, de greffier, d'avoué, d'huissier, de receveur des contributions. Il lui est interdit de passer des actes dans lesquels ses parens ou alliés, en ligne directe, à tous les degrés et, en collatérale, jusqu'au troisième degré inclusivement, seraient parties, ou qui contiendraient quelques dispositions en leur faveur. Et cette prohibition s'étend aux deux notaires admis à instrumenter ensemble.

Le fonctionnaire qui reçoit la convention doit connaître le nom, l'état et la demeure des parties, ou bien il faut que leur identité lui soit attestée par deux témoins connus de lui. Viennent ensuite les devoirs graves, nombreux que le notaire doit avoir sans cesse présents à la pensée, dans tout le cours de sa vie publique.

Les uns concernent la forme extérieure des actes, les énonciations qu'ils doivent renfermer, les formalités diverses qui y sont relatives.

Les autres indiquent les précautions à prendre dans quelques circonstances particulières. Les cas qui méritent le plus d'attention, se rapportent à la conservation des minutes, à leur communication, à la délivrance des grosses : sur cela, la loi contient de sages préceptes. Il sera gardé minute de tous les actes, excepté ceux que l'on peut passer en brevet. Le notaire ne pourra se dessaisir d'aucune minute, si ce n'est dans les hypothèses prévues par la loi. Il devra refuser la communication de ses registres à tous autres que les parties ou leurs représentants. Une première grosse ayant été délivrée, il n'en sera point remis une seconde, à moins d'ordonnance émanée de la justice : la force exécutoire résultant des formes qui constituent la grosse, il serait trop facile d'en abuser, quand une première a produit son effet, et que le lien du contrat n'existe plus.

Parmi les prérogatives dont jouissent les notaires, on peut ranger l'institution à vie, le caractère de permanence qui en découle, le droit qu'ils ont de recevoir toutes les conventions civiles et dont quelques-unes ne peuvent se former que devant eux, le privilége de délivrer les grosses et les expéditions des minutes dont ils sont détenteurs, la faculté réservée après eux à leurs familles de désigner un dépositaire de leur choix, sans préjudice des traités sur les recouvrements et sur le bénéfice des expéditions.

La loi de ventôse offre quelques articles transitoires. Bien qu'elle voulût réduire le nombre excessif des notaires, elle déclara que les suppressions n'auraient lieu que par mort, démission ou destitution, et que les notaires alors en exercice étaient définitivement maintenus, à la charge de demander au gouvernement une commission confirmative.

La condition du stage donna lieu à quelques modifications commandées par les circonstances.

Les deux derniers articles sont, l'un la sanction de tout ce que les autres prescrivent d'important, par la peine de nullité qu'il attache à leur inobservation, et l'autre un avertissement sur le sort du décret de 91, qui n'est abrogé que dans ses dispositions contraires à la nouvelle législation notariale.

Telle est, dans ses parties les plus essentielles, la loi du 25 ventôse an XI.

Quelques départements, formés des pays où nos soldats avaient porté leurs armes victorieuses, furent réunis au territoire de la république. Il parut nécessaire, pour consolider la conquête, que tout, dans les traités civils, rappelât notre domination. La lan-
1803. gue française fut chargée de cette mission. Un arrêté du gouvernement ordonna que les actes notariés dans les départements de la ci-devant Belgique, de la rive gauche du Rhin, de Tanaro, du Pô, de Marengo, de la Stura, de la Sésia et de la Doire, fussent rédigés en français, et il n'accorda que le délai d'un an aux fonctionnaires pour se préparer à ce changement.

On ne sait si les notaires de la capitale n'avaient pas été pleinement rassurés par l'article 32 de la loi de ventôse, portant que les réductions ou suppressions de places n'auraient lieu que par décès, démission ou destitution, ou s'ils voulurent faire préjuger d'avance le maintien de leurs offices pour l'avenir. Il fut annoncé par un arrêté que le nombre des notaires de Paris ne serait pas diminué.

En établissant des chambres de discipline, création remarquable de cette époque, on n'avait pas déterminé leurs attributions. Il y fut statué par un règlement d'administration, à peu près dans les termes suivants : 1803.

Tous les ans, les notaires de chaque arrondissement, réunis au chef-lieu, se constitueront en assemblée générale. Là seront élus les membres de la chambre au nombre de dix-neuf, pour Paris; de neuf ou de sept, pour les autres localités. Parmi eux seront nommés un président, un syndic, un rapporteur, un secrétaire et un trésorier.

Les attributions de la chambre des notaires consistent :

1° A maintenir la discipline intérieure entre les notaires ;

2° A prévenir ou concilier tout différend entre ces fonctionnaires, à émettre son opinion par simple avis, en cas de non conciliation ;

3° A interposer également sa médiation sur toutes plaintes et réclamations de la part des tiers contre les notaires, et à réprimer, par voie de censure et autres moyens disciplinaires, toutes infractions qui seraient constatées ;

4° A donner son avis sur les honoraires et vacations des notaires ;

5° A délivrer ou refuser aux aspirants des certificats de bonnes mœurs et de capacité ;

6° A recevoir en dépôt les états des minutes des notaires supprimés ;

7° A représenter tous les notaires de l'arrondissement, sous le rapport de leurs droits et intérêts communs.

Comme tribunal de police, la chambre prononce par voie de décision, sur les cas de discipline intérieure : elle mande les notaires à ses séances, prononce contre eux soit le rappel à l'ordre, soit la censure simple, soit la censure avec réprimande, soit la privation de voix délibérative dans l'assemblée générale, soit l'interdiction de l'entrée de la chambre pendant un certain temps.

Si la nature de l'inculpation paraît pouvoir amener la suspension d'un notaire, la chambre, augmentée de quelques autres membres de son ressort, émet son opinion au scrutin secret, sur l'opportunité de la suspension. Dans l'affirmative, son avis est déposé au greffe du tribunal, et porté à la connaissance du procureur du roi.

Dans les pouvoirs qu'elle exerce, quand elle prononce comme tribunal disciplinaire, la chambre se place sous la protection de la loi, qui lui accorde pleine confiance et ne la soumet à aucune espèce de contrôle.

On voit que les chambres de discipline portent un double caractère. Tantôt considérées comme une institution pacifique et bienveillante, elles concilient les difficultés qui s'élèvent entre les notaires, dans leurs rapports et leurs communications, ou les différends qui divisent ces fonctionnaires et leurs clients. Les conseils, les exhortations de la chambre sont-ils infructueux? Elle exprime sur les faits, objet de son examen, un avis qui peut encore éclairer les parties intéressées, les ramener à la justice, à la modération et à la concorde. Si les circonstances exigent qu'elle s'arme de sévérité, elle s'élève à la hauteur d'une cour suprême et prononce en dernier ressort les peines dont l'application est abandonnée à sa prudence.

Elle doit être grande l'influence de ce sage règlement, destiné à faire naître la sécurité au sein des familles. S'il reste quelque regret, c'est que les chambres de discipline ne soient pas investies d'une autorité plus étendue ; c'est qu'à la bienveillance et à la persuasion elles ne puissent pas ajouter plus souvent des moyens d'action, capables de rendre leur intervention plus efficace et plus salutaire ; c'est que parmi leurs devoirs ne figure pas la tâche de surveiller les habitudes et les mœurs privées des notaires.

Nous ne trouverons guère désormais dans la législation du notariat que des actes peu remarquables.

Une loi, se référant aux dispositions de celle du 22
frimaire an VII, traça la forme des répertoires. 1804.

Le conseil d'état déclara, par un avis inséré au bulletin, que le notaire établi dans un bourg ou village, faisant partie d'une justice de paix dont le chef-lieu était une ville où siégeait un tribunal, pouvait instrumenter dans cette ville, concurremment avec les notaires y résidants.

La question de savoir si les testateurs pouvaient retirer la minute de leurs testaments notariés, fut l'objet d'une circulaire ministérielle qui décida la négative.

Plusieurs lois intervinrent sur la matière des cautionnements.

Un décret indiqua les formalités à remplir dans les procès-verbaux d'inventaire.

Il fut statué par le conseil d'état sur la formule exécutoire des actes publics.

1806. L'époque de la nomination annuelle des membres de la chambre de discipline fut fixée par un décret impérial.

Depuis leur institution, les notaires avaient vu reculer les bornes de leur compétence. Chaque trait ajouté au tableau de leurs attributions, était un hommage rendu à leurs services et à leur loyauté. Ainsi leur furent spécialement dévolus les certificats de vie que les pensionnaires et rentiers de l'état devaient produire auprès des agents du trésor.

Un décret avait prescrit l'usage de la langue française dans les actes publics, passés entre les habitants des pays nouvellement réunis au territoire de la république. L'exécution de cette mesure présenta de sérieuses difficultés. On reconnut bientôt qu'il n'est pas si facile de changer les habitudes et l'éducation
1807. des peuples. Des sursis furent d'abord accordés, et l'on finit par un ajournement indéterminé.

Les notaires obtinrent de nouvelles prérogatives. Un décret leur déféra la passation des baux à ferme intéressant les hospices. Ils furent autorisés à recevoir les contrats d'assurance, en concours avec les courtiers de commerce. Dans leurs attributions entrèrent les protêts des lettres de change. La prohibition que l'ancienne jurisprudence avait introduite contre eux, dans la rédaction et la signature des actes privés, fut entièrement levée, et on leur permit de concourir, comme témoins, à la formation de cette espèce de traités.

Dans ce temps, fut imposée aux notaires l'obliga- 1808.
tion de remettre au greffe du tribunal un double de leurs répertoires.

A diverses époques, les notaires avaient reçu de l'autorité souveraine des témoignages d'estime et de considération. Lorsque les constitutions de la république ou de l'empire avaient dû être soumises à la sanction du peuple, les notaires avaient été désignés pour constater les suffrages du pays.

Lorsque la précieuse institution du jury fut adoptée par la France et fit partie de son droit criminel, les notaires furent aussitôt inscrits parmi les personnes notables qui devaient être appelées en qualité de jurés.

Vers le même temps, furent résolues des questions 1809.
qui intéressaient le sort des actes publics et la responsabilité des notaires. Il fut décidé qu'ils avaient la faculté d'écrire les décharges et les quittances à la suite des inventaires, nonobstant la défense de porter deux actes sur le même papier; que les donations de biens présents et à venir, par contrat de mariage, étaient passibles du droit proportionnel, s'il était stipulé que le donataire entrerait en jouissance sans délai.

Déjà placés dans les attributions du secrétaire 1810.

d'état au département de la justice, les notaires furent soumis à la surveillance du ministère public, par le code d'instruction criminelle, bien qu'en leur qualité de fonctionnaires libres et indépendants, ils forment une classe d'officiers, distincte et séparée de la hiérarchie judiciaire.

Une question d'une haute gravité fut soumise au conseil d'état. Il s'agissait de savoir si la peine de nullité prononcée par les articles 14 et 68 de la loi du 25 ventôse, s'appliquait au défaut de mention de la signature des notaires à la fin des actes par eux reçus. La décision fut favorable au maintien des conventions, ce qu'il faut entendre des actes ordinaires; car, en matière de testaments, le conseil d'état avait auparavant fait pressentir qu'il y aurait contravention et nullité.

La loi voulut détacher tout-à-fait les notaires des actes et des travaux étrangers à leur ministère. Un décret déclara leurs fonctions incompatibles avec la profession d'avocat.

Le sort des cautionnements avait été l'objet de quelques mesures. Des précautions avaient été indiquées. Le gouvernement signala les déclarations que les titulaires devaient faire vis-à-vis des bailleurs de fonds, pour leur procurer le privilége de second ordre.

DEUXIÈME ÉPOQUE.

RESTAURATION.

L'empire dont les limites embrassaient de vastes 1814.
états n'existait plus. Celui qui avait porté si loin sa puissance et sa gloire; celui qui avait créé des royaumes, disposé du sort des monarques vaincus, était réduit à un coin de terre, dans une petite île de la Méditerranée.

Les Bourbons, en reprenant le sceptre de leurs aïeux, s'appliquèrent à détruire tout ce qui retraçait le gouvernement impérial. Le premier soin des ministres de Louis XVIII fut d'attacher aux actes publics ce signe extérieur qui règle leur exécution, cette forme sacramentelle qu'on peut appeler l'image, l'expression de l'autorité souveraine. En l'absence d'autres documents historiques, la formule exécutoire des actes pourrait servir à marquer les époques, les gouvernements et les règnes. Etablie sous la république, elle fut successivement modifiée dans la suite, selon les changements qu'éprouva la France dans sa constitution politique.

La protection que les notaires du Châtelet de Paris avaient obtenue sous l'ancienne jurisprudence, se continua dans le nouveau droit en faveur de leurs successeurs. Nous en avons déjà vu un exemple dans l'arrêté qui déclarait que leur nombre ne serait pas réduit. Ils reçurent une nouvelle preuve d'intérêt dès les premiers mois de la restauration, quand ils furent tous autorisés à délivrer les certificats de vie aux rentiers de l'état, tandis qu'ailleurs le monopole de ces actes était dans les mains de certains notaires privilégiés.

Il fut enjoint aux notaires d'énoncer dans leurs actes la patente des particuliers assujétis à cette contribution, mesure imaginée par le trésor pour contraindre à l'observation de la loi fiscale ceux qui seraient tentés de s'en affranchir.

On ne ménagea peut-être pas assez les souvenirs glorieux et la profonde sympathie qui animaient une partie de nos populations. Des fautes furent commises par le nouveau gouvernement; elles portèrent leurs fruits. Le prisonnier de l'Ile d'Elbe en profita pour rompre son ban et se montrer en France. Accueilli avec enthousiasme par ceux qu'il avait si souvent conduits à la victoire, le grand capitaine fut porté en triomphe jusqu'au sein de la capitale. Maître du pouvoir, il voulut lier les peuples à sa destinée par un engagement solennel.

1815. Alors fut rédigé, pour être présenté à l'acceptation des Français, un acte additionnel aux constitutions de l'empire, et ce furent entre autres les notaires qu'on désigna pour recevoir l'expression du vœu national.

Cent jours furent la durée du nouveau règne impérial. Après ce terme, le désastre de Waterloo décida du sort de la France.

En paix avec les cabinets de l'Europe, elle se soumit encore aux descendants de ses anciens rois.

Des notaires avaient été nommés pendant ce court intervalle. On ne voulait pas maintenir un titre qui blessait les principes de la légitimité. Pour en effacer les traces, une ordonnance enjoignit aux notaires de se pourvoir d'une nouvelle commission.

On y ajouta l'obligation de se servir de papier au timbre royal, et, de plus, la nécessité d'employer une formule exécutoire en harmonie avec la nature du pouvoir gouvernemental.

L'année 1816 se recommande par une notable 1816.
innovation dans une partie importante de l'institution notariale.

A cette époque, furent réalisées les espérances que la loi de 1803 avait fait concevoir. La libre transmission des offices n'avait pas été proclamée. L'ancienne vénalité, dont le nom rappelait les abus, les désordres, les maux des temps passés, n'était pas encore, concernant les offices ministériels, réconciliée avec la législation. Elle existait cependant dans nos mœurs et dans la pratique des affaires. Tous les jours, les notaires traitaient de leurs places, désignaient leurs successeurs, et leur choix obtenait la sanction royale. Le gouvernement n'avait pas expressément approuvé cet usage; mais il le consacrait par la nomination des candidats présentés. Sa bonne volonté donnait une apparence de légalité à des actes qui n'avaient de force et de valeur que par sa tolérance.

On prévoyait que cet état de choses, déjà si efficacement protégé, prendrait, à la première occasion favorable, un caractère légal, définitif et permanent.

Cette occasion se présenta après la seconde restauration.

La France se souvient de l'énorme contribution de guerre dont la frappèrent, pour prix de leur intervention, les monarques qui venaient de lui rendre les rejetons de la tige royale. Le trésor aurait succombé sous ce pesant fardeau, s'il n'avait été soutenu par le dévouement de la nation.

Mais les différentes sources des revenus publics étaient dans un état d'épuisement qui commandait des ménagements et de la prudence. Sur quelles bases établir le nouvel impôt que les circonstances rendaient nécessaire?

Ce problème fut en partie résolu par une loi de finances, qui fit un appel au patriotisme d'hommes éprouvés, sur lesquels la pensée se reportait dans les jours d'alarme et de détresse. Des cautionnements furent créés pour certains emplois qui en avaient été jusqu'alors exempts, et des suppléments de cautionnement pour les offices déjà grevés de cette charge.

Pour prix d'un tel service, les fonctionnaires et les officiers ministériels, objet de la loi, acquirent la certitude qu'ils pourraient disposer de leurs places.

Ce droit est renfermé dans l'article 91 de la loi du 28 avril 1816 : il est commun aux avocats de la cour de cassation, aux notaires, aux avoués, aux greffiers, aux huissiers, aux agents de change, aux courtiers et aux commissaires-priseurs.

Personne ne se trompa sur l'esprit et la portée de cette concession, qui renfermait les éléments d'un pacte sacré entre l'état, réclamant assistance, et quelques citoyens, apportant une partie de leur fortune au trésor. C'était, de la part de l'administration, en faveur des officiers ministériels et des fonctionnaires publics, la reconnaissance du droit de transmission de leurs titres, en dédommagement des sacrifices qui leur étaient imposés.

Tout le monde l'entendit dans ce sens; les titulaires qui usaient fréquemment de leurs prérogatives; l'autorité supérieure qui proclamait les candidats présentés; le public, témoin de l'exécution des traités faits sur démission; enfin, les tribunaux qui sanctionnaient de pareils contrats.

Ainsi se forma l'opinion, dès le premier instant. Dans la suite, l'idée que les offices étaient transmissibles et héréditaires ne fit que se fortifier : elle s'accrut des événements qui, chaque jour, révélaient le caractère de la loi.

La situation des notaires était alors telle que l'histoire nous la représente sous Henri IV, après l'établissement de la *paulette*. Sans introduire dans son texte les mots : *vénalité*, *hérédité*, la loi avait réellement converti les notariats en offices vénaux et héréditaires.

Le paragraphe de l'article 91, où il fut déclaré que l'on statuerait par une loi particulière sur l'exécution de la disposition principale et sur les moyens d'en faire jouir les héritiers ou ayant-cause, n'altéra point la nature du droit conféré par le pouvoir exécutif. Le principe était posé. Les offices devenaient une véritable propriété entre les mains des titulaires. Pour eux existait dans toute sa plénitude la faculté d'en fixer le sort par des traités, ou de les laisser dans leur patrimoine, pour concourir à former leur succession. Si des règlements d'administration publique pouvaient, à cet égard, trouver place dans les recueils législatifs, ce ne devait être que des moyens d'exécution. Il n'était pas permis de détruire ou de modifier d'une manière sensible ce que le législateur avait établi.

Tel est le régime créé par cette loi du 28 avril. Sur lui reposent des prérogatives précieuses, des droits certains. Sanctionné par la jurisprudence, il forme une des principales bases de l'état des notaires, de leur fortune et de l'avenir de leurs enfants.

On usa largement des avantages que conférait la loi nouvelle. Les offices, considérés comme patrimoniaux, devinrent la matière d'ambitieuses prétentions. Les places de notaires furent recherchées avec un empressement que les titulaires surent exploiter. On vit des candidats, entraînés par le désir de se donner une position dans le monde, promettre des sommes considérables pour des études dont les produits étaient hors de toute proportion avec le prix excessif qu'on y attachait.

Quelques désordres pouvaient être la suite de ces imprudents traités. Le ministre, garde des sceaux, pensa que le repos public était intéressé dans la question : il voulut porter remède à un mal que des contestations judiciaires avaient signalé; mais il s'égara dans sa route, et méconnut la nature des droits dont il devait être le défenseur.

Une circulaire fut adressée par lui à tous les procureurs du roi, avec recommandation d'exercer la plus active surveillance sur les conventions qui seraient faites au sujet de la transmission des offices : il annonça que le gouvernement refuserait son appui aux transactions qui ne seraient pas renfermées dans de justes limites. Pour contenir les titulaires, il déclara que le roi, usant de son pouvoir, frapperait de destitution ceux qui dissimuleraient le véritable prix de leurs démissions.

1817.

Par là, le droit de transmission, paralysé dans son exercice, eût été réduit à un vain titre, à une simple faculté de présentation, sans influence réelle.

C'était une déplorable prévention, une grave erreur. Le ministre avait oublié les circonstances qui présidèrent à la loi du 28 avril, l'esprit suivant lequel on l'avait constamment exécutée, le caractère distinctif des fonctionnaires publics, enfin, ce principe profondément gravé dans notre constitution, que, pour dépouiller un citoyen des fonctions à vie qu'il exerce, il faut un jugement qui l'en déclare indigne.

La jurisprudence se prononça avec une énergique indépendance pour les saines doctrines et l'exécution des lois. La circulaire du garde des sceaux fut reléguée parmi ces actes de pure instruction que l'on consulte pour s'éclairer dans les questions difficiles, que l'on admet ou qu'on repousse, selon qu'ils sont conformes ou contraires à la raison et aux règles du droit civil.

Après cette vaine tentative des dépositaires du pouvoir, la législation du notariat reprit son cours.

1818. Une décision ministérielle nous apprend que les actes non revêtus de la signature du notaire, ne doivent être ni enregistrés ni inscrits au répertoire.

L'obligation des cautionnements prit un caractère de sévérité qui annonçait l'urgence des besoins publics. La loi menaçait de remplacer les fonctionnaires qui ne s'empresseraient pas de donner satisfaction au trésor.

1821. Consulté sur l'importante question de savoir si les testateurs pouvaient retirer les minutes de leurs testaments notariés, le comité de législation répondit négativement.

Les fonctions de notaires furent déclarées incompatibles avec celles des commissaires-priseurs et avec la profession d'avocat.

Les règlements d'administration qui complétèrent l'organisation du notariat, furent suivis, dans certaines localités, de la suppression de quelques offices. S'il n'y avait pas pour les notaires maintenus obligation rigoureuse d'indemniser les familles dépossédées, il existait de puissants motifs de convenance et d'équité naturelle, qui réclamaient un dédommagement contre les fonctionnaires auxquels la suppression
1823. devait profiter. Ce fut dans cet esprit et d'après ces considérations, que le garde des sceaux rédigea une

lettre instructive, adressée à tous les procureurs généraux du royaume.

Ce qui fut fait depuis se rapporte principalement aux formalités des répertoires, au tarif des droits d'enregistrement qui subirent des modifications, surtout en 1824, et à quelques autres objets d'un faible intérêt.

Il faut noter parmi les documents de cette époque 1828.
une décision du garde des sceaux portant que les actes ne doivent contenir, de la part des officiers et fonctionnaires, que les énonciations nécessaires et les qualités actuelles de ceux qui les reçoivent.

Nous avons vu qu'à Rome les notaires qui avaient honorablement parcouru une longue carrière, étaient environnés de respects, lorsque l'âge ou les infirmités les forçaient au repos, à la retraite; qu'en France, sous l'empire de l'ancien droit, ils obtenaient des témoignages d'estime en pareille circonstance. Pourquoi n'en est-il pas de même aujourd'hui? Pourquoi ne pas encourager, par des actes de munificence qui ne grèveraient pas le trésor, des hommes dont les fonctions tiennent au bien-être et à la paix des sociétés, à la prospérité de l'état? Puisque les notaires sont placés par la loi dans les attributions du ministère de la justice, le garde des sceaux pourrait bien demander pour eux ce qu'il réclame pour les magistrats retraités, que l'on décore souvent du titre de juges honoraires.

Ayant occasion de s'expliquer à ce sujet, le gou- 1830.
vernement déclara qu'il n'accordait pas cette distinc-

tion, mais qu'il tolérait qu'elle fût déférée par les assemblées générales des notaires.

Ce n'est pas assez; il faudrait que l'autorité souveraine, par une manifestation publique, s'associât à la démarche de ces fonctionnaires, pour proclamer, au nom de la patrie, les récompenses honorifiques accordées à ceux qui auraient dignement parcouru leur carrière.

TROISIÈME ÉPOQUE.

RÉVOLUTION DE 1830.

1830. L'enthousiasme populaire qui fit l'étonnante révolution de Juillet, répandit dans quelques classes de la société des éléments de désordre, qui pouvaient compromettre l'avenir de nos institutions.

Les premiers changements, bornés à des objets d'administration générale, ne causèrent aucune surprise.

Ainsi, les ordonnances qui introduisirent une nouvelle formule exécutoire dans les actes notariés et les jugements, qui déterminèrent la forme des timbres, sceaux et cachets, qui réglèrent quelques résidences de fonctionnaires, ne firent aucune impression sur les esprits. On devait s'attendre à ces modifications dans les signes qui sont l'image de la puissance publique.

Le notariat accomplissait en paix sa destinée, ayant

à peine ressenti la secousse qui venait d'ébranler l'état; mais, dans l'ivresse du triomphe, les vainqueurs se montrèrent exigeants. Les places, les emplois, une liberté sans bornes devait tout niveler. On demanda que la carrière notariale fût ouverte à toutes les ambitions, comme si, dans des fonctions aussi importantes et qui exigent des études préparatoires, de l'expérience et de la capacité, il suffisait de vouloir et d'entreprendre, pour réussir; comme s'il n'était pas intéressant pour la chose publique de conserver des garanties établies dans l'intérêt des citoyens.

La législature eut à s'occuper de la question soule- 1831.
vée par un libéralisme imprévoyant et exalté. La chambre des pairs, sénat auguste que le pays honore comme le protecteur éclairé des libertés nationales, dissipa, par un ordre du jour sagement motivé, les illusions des pétitionnaires.

Un autre débat, d'une nature non moins grave, porta la division parmi les mandataires du pouvoir et quelques notaires, à l'occasion du serment imposé par une loi de 1830. La résistance avait uniquement pour but le maintien des prérogatives, et non pas de se soustraire à l'obligation du serment de fidélité envers la dynastie nouvelle. Il s'agissait de l'interprétation des mots : *fonctionnaires publics de l'ordre judiciaire.* On disait que les notaires, quoique revêtus du titre de fonctionnaires publics, forment une classe à part; que leur institution, distincte, indépendante de l'action administrative et de l'autorité judiciaire, est une émanation immédiate et directe de la puissance publique, et se régit par des principes qui lui sont propres. L'intervention de la justice mit fin à cette lutte, qui ne tendait, de la part des notaires opposants, qu'à la défense des droits et des franchises de leur ordre. Deux jugements décidèrent que les notaires étaient soumis au serment. Dès lors cessa toute dissidence, et ces fonctionnaires, dont les sentiments politiques n'avaient rien d'hostile à la royauté, se prêtèrent de bonne grâce à la complète exécution de la loi.

1832. L'année suivante, une loi, modifiant celle de frimaire an VII, convertit le droit de mutation des offices en un droit de dix pour cent sur le montant des cautionnements.

Depuis long-temps la législation travaillait à établir solidement en France le nouveau régime monétaire, le système des poids et mesures; mais la difficulté de détruire d'antiques usages enracinés dans les mœurs du peuple, avait mis obstacle à l'accomplissement de cette tâche.

1837. Il fallait cependant prendre un parti décisif et rigoureux, si l'on ne voulait pas renoncer à une innovation généralement approuvée. Le pouvoir législatif fut chargé d'opérer la réforme : il ordonna, sous peine d'amende, qu'à partir du 1er janvier 1840, les dispositions promulguées sur les poids et mesures, fussent exactement observées dans la pratique, injonction qui concernait particulièrement les notaires, tenus de se conformer dans leurs actes aux énonciations prescrites par les nouvelles lois.

Depuis le décret de ventôse qui conférait au gouvernement le droit de déterminer par des règlements le nombre des études notariales à maintenir et les lieux où les résidences seraient établies, l'administration avait eu assez souvent à résoudre, dans le cas de suppression d'offices, une question qui divisait presque toujours les parties intéressées. Il n'existait pas de règle certaine à cet égard. L'espèce de débat où l'on se trouvait engagé, échappait à l'application des principes ordinaires du droit. La suppression arrêtée par le gouvernement, comme mesure d'utilité générale, ne pouvait donner naissance à aucune action contre les fonctionnaires ou officiers ministériels conservés. Les lois écrites n'offraient sur ce point nulle trace d'obligation ; mais l'équité, mais les convenances réclamaient en faveur des héritiers du titulaire dont le poste était supprimé un dédommagement proportionné à la perte qu'ils éprouvaient et aux avantages que les fonctionnaires voisins devaient recueillir par le fait de la réduction.

On s'attacha, durant plusieurs années, à l'idée de mettre toute l'indemnité à la charge du premier candidat qui se présentait dans le canton. C'était l'assujétir à un double sacrifice, d'abord pour obtenir le titre d'une place conservée, et puis pour satisfaire la famille de celui dont l'office n'était pas maintenu.

La question s'étant présentée derechef devant l'ad- 1839.
ministration, un nouvel examen amena une nouvelle jurisprudence. Il fut décidé par ordonnance royale, que l'indemnité serait proportionnellement répartie

entre tous les notaires du canton, eu égard aux bénéfices qu'ils étaient présumés devoir retirer de l'extinction.

Quant au paiement, on ne crut pas pouvoir prescrire des moyens ni des poursuites que la loi n'avait pas établis. L'unique expédient qu'on imagina fut d'annoncer qu'aucune mutation ne serait autorisée dans les offices conservés, tant qu'il ne serait pas justifié de l'exécution de l'ordonnance relative à l'indemnité.

Sans se préoccuper de la légalité de ces dispositions, l'historien rend hommage aux intentions honorables qui ont inspiré les actes qu'il vient de retracer. L'indemnité est une dette qui prend sa source dans les principes de la justice naturelle et dans la bienveillante protection que mérite la mémoire d'anciens confrères dont les titres sont perdus pour leurs enfants.

Le notariat réclamait d'autres améliorations, notamment l'abolition du monopole que le régime impérial avait créé, en attribuant à quelques notaires privilégiés les certificats de vie des rentiers de l'état. Un pareil abus ne pouvait être toléré sous l'influence d'une révolution au nom de laquelle on demandait, chaque jour, que toutes les conditions sociales fussent soumises à une égalité constitutionnelle.

Enfin, une ordonnance royale déclara que la faculté de certifier l'existence des pensionnaires du trésor s'étendrait désormais à tous les notaires.

L'année 1839 était près de terminer son cours.

Le notariat jouissait de ses conquêtes, sans s'inquiéter de l'avenir. Tout à coup, du fond d'un porte-feuille ministériel s'échappe un projet de réforme qu'il eût été sage peut-être d'y retenir encore.

Le garde des sceaux pensant que c'était un devoir pour lui de soumettre à des investigations les demandes qu'il avait trouvées déposées dans les cartons de son département, voulut s'entourer de lumières. Une commission fut aussitôt instituée pour réviser la législation des offices.

On devait attendre avec confiance le résultat des travaux préparatoires, des études sérieuses recommandées aux commissaires. On devait croire à la pureté des intentions ministérielles. Il ne convenait pas d'admettre avec légèreté que la commission voulût porter atteintre à des droits, à des propriétés qui avaient reçu plus d'une fois une imposante consécration.

Mais la presse quotidienne, prompte à prendre l'alarme et à jeter des cris de détresse, se hâta inconsidérément de communiquer ses craintes, qui portèrent l'inquiétude et le trouble au sein des familles nombreuses intéressées dans cette grave question.

De là, les discussions périodiques qui ont accompagné dans sa marche et ses développements la mesure adoptée par le garde des sceaux.

Pour calmer ces vives sollicitudes, il a fallu que 1840.
des déclarations positives émanées du chef de la justice, et surtout que la parole solennelle du monarque vinssent diriger l'opinion et rassurer le pays.

Que le gouvernement poursuive ses épreuves et ses travaux; qu'il recueille le fruit des méditations qu'il a provoquées; que la législature intervienne pour effacer ce qui reste de défectueux et d'imparfait dans l'institution du notariat. Une réforme dictée par la sagesse, présentée sous les auspices de l'expérience et de la raison, sera l'objet de la reconnaissance et des respects de la nation. Et les notaires, fidèles au culte dont ils sont les ministres, soumis aux lois, gardiens vigilants des bonnes traditions, se montreront toujours dignes du haut rang où ils ont été placés par l'estime publique.

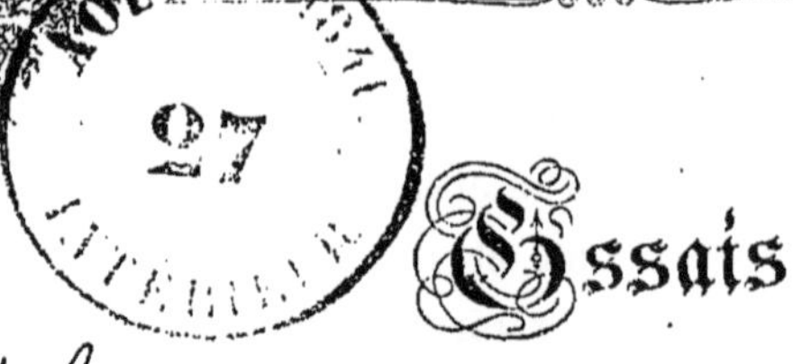

Essais

D'HISTOIRE

ET DE JURISPRUDENCE

SUR LE NOTARIAT,

PAR M. TAJAN,

NOTAIRE (ANCIEN AVOCAT).

UN FORT VOL. IN-8°— PRIX 8 FR. (LE PORT EN SUS).

PREMIÈRE PARTIE.— DISCOURS HISTORIQUE.

A BAGNÈRES (Hes-PYRÉNÉES),

CHEZ J.-M. DOSSUN, IMPRIMEUR-LIBRAIRE, ÉDITEUR.

A PARIS,

CHEZ CHAUMEROT, LIBRAIRE,

Quai des Augustins, 33.

www.ingramcontent.com/pod-product-compliance
Ingram Content Group UK Ltd.
Pitfield, Milton Keynes, MK11 3LW, UK
UKHW012027240726
13965UKWH00002B/629